영혼육 하

영혼육 하

이재록 목사

우림

저는 예수 그리스도를 영접하고 성경을 읽으면서 하나님의 마음을 깊이 깨우치고자 기도하기 시작했습니다. 무수한 금식과 기도를 쌓은 지 7년 만에 응답을 받았습니다. 교회를 개척한 뒤 하나님께서는 성령의 감동 속에 많은 난해 구절을 풀어 주셨고 영혼육에 대해서도 자세히 알려 주셨습니다. 사람의 근본을 깨우쳐 주며 자신을 발견케 하는 말씀으로 그동안 어디에서도 들어보지 못한 깊은 영적 차원의 말씀이었기에 제 기쁨은 말할 수 없이 컸습니다.

그 후 영혼육에 대해 설교하였을 때 국내외에서 많은 간증과 호응이 이어졌습니다. 이 말씀을 통해 참된 생명을 얻는 방법뿐 아니라 자신을 발견하고 사람이 어떤 존재인지 알게 되었으며 성경의 많은 난해 구절이 풀렸다는 것입니다. 또한 영의 사람이 되어 신의 성품에 참여하겠다는 목표를 갖고 열심히 달려가게 되었다고 고백하였습니다.

"이로써 그 보배롭고 지극히 큰 약속을 우리에게 주사 이 약속으로 말미암아 너희로 정욕을 인하여 세상에서 썩어질 것을 피하여 신의 성품에 참예하는 자가 되게 하려 하셨으니"(벧후 1:4)

중국 고대 병서 중 하나인 손자병법에는 '지피지기(知彼知己) 백전불태(百戰不殆)'라는 말이 있습니다. 상대를 알고 나를 알면 백 번 싸워도 위태롭지 않다는 의미입니다. 영혼육의 말씀은 나 자신을 깊이 조명해 주며 사람의 근본에 대해 알려 줍니다. 그러니 이 말씀을 양식 삼으면 어떤 사람이라도 이해할 수 있습니다. 또한 자신도 알지 못한 채 영향을 받아온 어둠의 세계를 알고 지배하며 다스리는 방법을 깨달으니 승리하는 신앙생활을 할 수 있습니다.

특별히 하권에서는 창조주 하나님의 근본과 드넓은 영의 공간, 장차 내 영혼이 머물 빛의 공간에 대해 구체적으로 알려 줍니다. 하나님의 모습과 공간에 대한 이해를 돕기 위해 '컬러 화보'를 추가하였습니다. 우리가 공간의 비밀을 밝히 깨우치고 하나님이 기뻐하시는 온 영의 사람이 되면 인간의 한계를 넘어서서 하나님의 공간을 활용하며 하나님의 모습을 볼 수도 있습니다. 그래서 예수님은 "나를 믿는 자는 나의 하는 일을 저도 할 것이요 또한 이보다 큰 것도 하리니"(요 14:12) 말씀하신 것입니다.

　그동안 책자 발간을 위해 수고해 주신 빈금선 편집국장과 직원들에게 감사의 뜻을 전하며 이 책을 통하여 많은 이들이 빛의 공간에 들어갈 수 있는 자격을 갖추고 기이한 하나님의 공간을 마음껏 체험하시기 바랍니다.

2010년 3월

이재록 목사

영혼육 2차 여행을 시작하며

평강의 하나님이 친히 너희로 온전히 거룩하게 하시고
또 너희 온 영과 혼과 몸이 우리 주 예수 그리스도 강림하실 때에
흠 없게 보전되기를 원하노라(살전 5:23)

오늘날 사이버 공간은 모든 사람에게 열려 있지만 얼마나 컴퓨터 기능을 알고 인터넷을 잘 다루느냐에 따라 활용 정도가 다릅니다. 마찬가지로 하나님의 공간을 이해하는 만큼 성경 상의 놀라운 사건들이 이해될 뿐 아니라 삶 속에서도 하나님의 역사를 체험할 수 있습니다.

성경에는 하나님의 공간을 이해할 수 있는 사건이 많이 나옵니다. 스데반 집사가 돌에 맞아 순교할 때 하늘 문이 열려 하나님 우편에 서신 인자를 보았다(행 7:56)고 했는데 이는 하나님께서 넷째 하늘의 공간을 열어 주셨기 때문입니다. 사도 베드로는 복음을 전하다가 깊은 감옥에 갇혔는데 천사의 도움으로 풀려났으며 사도 바울도 빌립보 감옥에 갇혔을 때에 이와 비슷한 체험을 합니다. 하나님께서 셋째 하늘의 공간을 열어 힘센 천사를 보내 주셔서 쇠사슬을 풀고 옥문을 열게 하신 것입니다.

우리가 온 영의 마음을 이루면 이 땅에서 하나님의 공간을 활용하여 불가능한 일이 없으며 장차 천국 새 예루살렘에 들어가 영생 복락을 누릴 수 있습니다. 반면에 아직 온 영으로 들어오지 못한 사람이 하나님의 공간을 활용할 수 있는 기회를 가지려면 합당한 공의를 이루어야 합니다. 이 책은 공간 속에 펼쳐지는 무한한 영의 세계 이야기로 가득 차 있습니다.

:: 이 책의 특징 ::

1. 근본 하나님께서 참 자녀를 얻으려는 인간 경작의 섭리 가운데 공간과 차원을 나누고 빛과 어둠을 나누신 사랑을 깨닫게 합니다. 우리가 예수 그리스도를 영접하고 믿음으로 행할 때 빛의 자녀 된 권세를 누리고, 아름다운 빛의 공간에 들어갈 수 있습니다.

2. 빛의 공간인 천국은 낙원부터 새 예루살렘에 이르기까지 여러 처소로 구분되며, 그곳에서 우리는 온전한 영체로 살아갑니다. 아름다운 빛이 찬란한 신령한 몸을 입고 행복과 기쁨이 넘치는 영원한 천국의 삶을 누리는데, 바로 우리를 위한 하나님의 선물입니다.

3. 우리를 하나님의 형상을 닮은 참 자녀의 모습으로 나올 수 있게 하는 것은 오직 하나님의 능력입니다. 하나님의 능력으로 아름다운 빛의 공간에 들어갈 수 있고, 이 땅에서도 인간의 한계를 넘어 신비한 권능의 역사를 체험하게 됩니다.

펴내는 글
영혼육 2차 여행을 시작하며

1 드넓은 영의 공간
Vast Space of the Spiritual Realm

2 영의 공간 속의 영혼육
Spirit, Soul and Body in the Spiritual Space

1. 영체
2. 영에 속한 혼과 육
3. 하나님의 선물(영원한 천국의 삶)

3 인간의 한계를 넘어
Transcending the Limitation of Humans

드넓은 영의 공간

창세 이전에 하늘에서는 어떤 일이 있었는가?
빛과 어둠의 공간은 어떻게 형성되었는가?

"우리가 저에게서 듣고 너희에게 전하는 소식이 이것이니 곧
하나님은 빛이시라 그에게는 어두움이 조금도 없으시니라" (요일 1:5)

"옛적 하늘들의 하늘을 타신 자에게 찬송하라
주께서 그 소리를 발하시니 웅장한 소리로다" (시 68:33)

Chapter 1

어둠과 빛

우리 눈에 보이는 빛과 어둠만 있는 것이 아닙니다. 드넓은 영의 공간에도
빛과 어둠의 공간이 존재합니다. 하나님께서 어둠의 공간을 허락하신
이유는 무엇이며 어둠의 주관자는 누구일까요?

어린 시절 평상에 돗자리를 깔고 밤하늘의 별을 세다가 스르르 잠이 든 적이 있는지요? 아마도 많은 분들에게 이런 기억이 있을 것입니다. 우주에는 이처럼 눈에 보이는 별도 많지만 보이지 않는 별은 그와 비교도 안 될 정도로 많습니다. 그렇다면 이러한 우주의 크기는 과연 얼마나 될까요?

오늘날 첨단 과학문명도 우주의 크기를 정확하게 밝혀내지 못하고 있습니다. 끝없이 광활한 세계이기 때문입니다. 우리가 살고 있는 지구와 같은 행성이 모여 태양계를 형성하고 이런 태양계를 비롯하여 성단, 성운 등 수많은 천체가 모여서 거대한 은하계를 이룹니다. 이 은하가 운집하여 은하군을, 은하군이 모여 소우주를, 소우주가 모여서 대우주, 곧 우리가 일상적으로 말하는 커다란 우주 공간을 형성하고 있습니다.

지구가 포함되어 있는 태양계를 거대한 은하계와 비교한다면 한 개의 점에 불과합니다. 또 은하계도 우주 전체와 비교해 볼 때에는 역시 하나의 작은 점에 지나지 않습니다. 그런데 최고의 과학 장비로도 측량할 수 없을 정도로 광활한 이 우주도 영의 공간에 비하면 극히 일부분에 지나지 않는 육의 공간입니다.

우리가 살아가는 거대한 우주 공간 외에 그와는 차원이 다른 영의 공간이 상상할 수 없을 만큼 끝없이 펼쳐져 있습니다. 성경에 나오는 '하늘들'에 관한 기록이 이를 뒷받침합니다.

"하늘과 모든 하늘의 하늘과 땅과 그 위의 만물은 본래 네 하나님 여호와께 속한 것이로되"(신 10:14)

"오직 주는 여호와시라 하늘과 하늘들의 하늘과 일월성신과 땅과 땅 위의 만물과 바다와 그 가운데 모든 것을 지으시고 다 보존하시오니"(느 9:6)

그러면 하늘들이 어떻게 존재하게 되었으며 창세 이전에 하늘에서는 어떤 일이 있었을까요? 천지 창조 이전의 시간으로 거슬러 올라가 보겠습니다. 우리가 알고 있는 우주와 은하계가 존재하기 전입니다. 그때의 우주는 지금과 같은 우주가 아니었습니다. 아직 육과 영이 나뉘지 않은 하나의 드넓은 공간이었지요.

드넓은 영의 공간과 근본 하나님

'드넓은 영의 공간'이란 태초에 근본 하나님께서 품고 계셨던 근본 우주 전체를 의미합니다. 여기서 '근본 하나님'은 창세 이전 빛과 소리로 계시던 하나님을 가리키며 '근본 우주'란 근본 하나님께서 홀로 계셨던 우주를 말합니다.

과연 근본 하나님은 어떠한 모습으로 계셨을까요? 끝없이 넓은 우주에 아름다운 빛들이 가득한데, 그 빛들이 물결치듯 넘실거리는 장면을 상상해 보시기 바랍니다. 요한일서 1장 5절에 "하나님은 빛이시라" 한 대로 하나님은 너무나 아름답고 영롱한 빛의 형태로 근본 우주에 널리 퍼져 계셨습니다.

이러한 근본 하나님의 모습을 이해하는 데 도움을 주는 것이 바로 '오로라'입니다. 오로라는 주로 남극과 북극 지방의 초고층 대기 중에 보이는 발광현상으로 빨강, 파랑, 노랑, 연두, 분홍 등의 아름다운 색채를 띱니다. 실제로 오로라를 본 사람은 그 장면이 매우 아름다워 잊지 못한다고 합니다.

로마서 1장 20절에 "창세로부터 그의 보이지 아니하는 것들 곧 그의 영원하신 능력과 신성이 그 만드신 만물에 분명히 보여 알게 되나니 그러므로 저희가 핑계치 못할지니라" 하신 말씀대로 우리가 근본 하나님에 대해 궁금히 여길 때에 '아, 하나님이 저런 모습이셨겠구나!'라고 이해할 수 있도록 오로라를 만들어 놓으신 것입니다.

근본 하나님께서는 물결치는 빛 속에 웅장하면서도 맑고 청아한 소리를 머금고 계셨습니다. 혹시 바람결에 소리가 함께 실려 오는 것을 들어 보신 적이 있습니까? 바다에서 불어오는 바람 속에는 멀리 있는 파도 소리가 은은히 실려 옵니다. 바람 속에 소리가 실려 오는 것처럼, 근본의 하나님은 빛 속에 소리를 머금고 계셨던 것입니다. 그런데 근본의 소리는 다른 어느 곳에서 실려 온 것이 아니라 근본의 빛 자체에서 울려났습니다. 바람에 소리가 실려 퍼지듯이 근본의 소리도 근본의 빛과 함께 온 우주를 감싸며 퍼져 나갔습니다.

하나님의 음성을 들어 본 분들은 아마 영원토록 그 소리를 잊지 못할 것입니다. 저도 몇 차례 들었는데, 우렁차면서도 너무나 영롱하고 맑고 깨끗했습니다. 요한계시록 1장 15절에는 주님의 음성이 '많은 물소리'와 같다 했습니다. 그만큼 웅장하면서 맑고 깨끗하다는 표현입니다. 이처럼 하나님 근본의 소리는 매우 맑고 투명하며, 감미로우면서도 온 우주를 울릴 만큼 웅장한 소리입니다.

요한복음 1장 1절에 "태초에 말씀이 계시니라 이 말씀이 하나님과 함께 계셨으니 이 말씀은 곧 하나님이시니라" 했는데, 여기서 태초에 계셨던 '말씀'이 바로 근본의 빛 속에서 울려나는 '근본의 소리'를 뜻합니다. 성경에서는 하나님을 '소리'라는 형태보다 소리의 본질인 '말씀'으로 표현한 것입니다. 그리고 '말씀'이 내용이라면, '하나님'은 그 내용에 붙여진 이름입니다. 하나님의 본질은 '말씀'이요, 그 말씀은 빛과 소리라는 형태로 근본의 우주를 가득 채우고 있었습니다.

인간 경작을 계획하신 하나님

무한한 시간의 연속선상에서 어느 시점에 이르자 홀로 계신 하나님께서는 인간 경작을 계획하셨습니다. '이 넓고 광활한 우주와 내 마음을 알아 나와 서로 사랑을 주고받음으로, 내 마음의 감동을 그에게 전달해 줄 때 그도 그것을 받아 그의 마음을 내게 전달해 줄 수 있다면 얼마나 행복하고 감동이 될까?' 우주의 모든 것을 함께 느끼며 서로 사랑을 나눌 수 있는 또 다른 존재를 원하신 것입니다. 하나님은 새로운 역사를 시작할 마음을 품고 참 자녀를 얻기 위한 인간 경작의 계획을 세우십니다.

그러면 하나님께서 인간 경작을 위해 가장 먼저 하신 일은 무엇일까요? 근본의 우주에 빛으로 널리 퍼져 계시던 하나님이 영계의 정점에서 응집되어 하나의 빛의 형태가 되신 것입니다. 이렇게 응집되면서 동시에 차원이 다른 '하늘들'이 만들어졌습니다. 여기서 '하늘'은 '우주 공간'과 같은 개념입니다. 원래는 근본 우주 하나였는데, 근본 하나님이 하나의 빛으로 응집되면서 또 다른 우주들이 만들어졌습니다. 이는 근본 우주에 널리 퍼진 근본의 빛이 영계의 정점으로 응집되면서 빛의 세기에 따라 서로 다른 공간들이 만들어졌기 때문입니다.

이전에는 근본 우주 어디에나 빛의 세기가 같았다면, 이제는 영계의 정점이 가장 밝게 된 것입니다. 비유를 들어, 같은 밝기의 전구 1만개를 성전 안에 골고루 달아 놓는다면, 어느 곳이든 동일하게 밝을 것입니다. 그런데 전구 1만 개와 밝기가 같은 전구 단 한 개만 중앙에 켜 놓는다면 어떻게 될까요? 중앙에 켜 놓은 한 개의 전구와 가까울수록 더 밝으며, 멀어질수록 상대적으로 덜 밝을 것입니다. 이처럼 근본의 빛이 하나로 응집될 때 빛의 밝기 차이에 따라 다른 공간들이 형성되었습니다.

근본의 빛은 영적인 빛이므로 빛의 밝기가 달라지면서 영이라는 속성의 밀도도 달라졌습니다. 근본의 빛이 하나로 응집될 때, 정점을 중심으로 바깥쪽으로 갈수록 빛의 밝기와 영의 밀도가 약해진 것입니다. 그래서 원래 하나였던 근본 우주는 빛의 밝기와 영의 밀도에 따라 총 네 개의 우주가 되었고 하나님께서는 이를 첫째, 둘째, 셋째, 넷째 하늘이라 하셨습니다.

근본 하나님께서 하나의 빛으로 응집되신 곳은 넷째 하늘에 속한 특별한 공간입니다. 따라서 넷째 하늘은 빛이 가장 밝으며, 영의 밀도도 가장 높습니다. 셋째 하늘은 넷째 하늘보다, 둘째 하늘은 셋째 하늘보다 빛이 약하고 영의 밀도도 낮지요. 둘째 하늘까지는 영의 세계입니다. 첫째 하늘은 눈에 보이는 이 우주를 말하며, 근본 하나님께서 하나의 빛으로 응집하실 때 영의 속성이 거의 거두어져 육의 속성이 가득한 공간입니다.

육의 공간 개념으로는 하나의 공간을 네 개로 나누면 원래 크기보다 작은 네 개의 공간이 됩니다. 그러나 영의 공간 개념은 그렇지 않습니다. 영의 공간은 한계가 없기 때문입니다. 끝없이 넓은 우주 공간은 네 개로 나눠도 끝없이 넓은 우주 공간 넷이 됩니다. 따라서 근본의 우주가 네 개의 하늘로 분리됐다 해도, 각각 하늘들에 끝이 있는 것은 아닙니다. 영의 세계인 둘째, 셋째, 넷째 하늘은 물론이요, 육의 세계인 첫째 하늘도 끝을 알 수 없습니다.

하나님께서는 하늘들을 각각의 용도에 따라 분리하셨습니다. 먼저, 첫째 하늘은 인간 경작을 위한 터전으로 마련하셨습니다. 다음으로, 둘째 하늘은 인간 경작에 필요한 어둠의 영들이 머물 공간으로, 또 생령으로 창조될 아담을 위한 공간으로 준비하셨습니다. 그리고 셋째 하늘은 인간 경작을 통해 얻어질 알곡들이 들어가는 천국을 짓기 위해 마련하셨습니다. 천국이 셋째 하늘에 있다는 것은 성경에도 분명히 나옵니다(고후 12:2~4). 마지막으로, 넷째 하늘은 삼위일체 하나님을 위한 공간으로서 근본 하나로 존재하던 우주와 차원이 같은 공간입니다.

그런데 근본 우주가 네 개의 하늘로 분리되던 당시에는 하늘들에 '내용물'이 채워지지 않은 상태였습니다. 그렇다 해서 완전히 텅 빈 것은 아니었습니다. 무수한 별들이 근본 우주 안에 있었지요. 다만 첫째 하늘에 인간 경작의 터전인 지구와 태양계 그리고 우리 은하계는 없었습니다. 셋째 하늘에도 아직 천국이 만들어진 것이 아니고 천국을 만들기에 적합한 영의 공간만 형성되었습니다. 이후 하나님의 창조 역사로 내용물이 점차 채워지게 됩니다.

근본 하나님이 삼위일체 하나님으로

한편 하나의 빛으로 응집하신 근본 하나님은 세 개의 빛으로 분리하셨습니다. 여기서 하나의 빛이 세 개로 분리됐다는 것은 한 덩어리가 세 조각으로 나뉘었다는 의미가 아닙니다. 근본 하나의 빛에서 똑같은 빛 두 개가 더 생겨난 것입니다. 근본의 빛이 세 개로 나뉘었지만, 셋은 다른 것이 아니라 같은 '하나'입니다.

원래 있었던 근본의 빛 자체는 하나요, 나머지 둘은 새롭게 태어난 빛입니다. 셋으로 나뉜 빛은 사람과 같은 모양의 영의 형체를 입었습니다. 근본의 하나님이 성부, 성자, 성령 하나님으로 존재하시게 된 것입니다. 성부, 성자, 성령 하나님은 각각 독립된 개체로서 영체의 모습이 조금씩 다릅니다. 그러나 각각의 영체 안에 담긴 영은 근본 하나에서 분리되었기 때문에 세 분은 마음도 하나요, 생각도 하나요, 능력과 지혜도 하나입니다.

이에 성부, 성자, 성령 하나님을 '삼위일체 하나님'이라 표현합니다. 삼위일체 하나님께서는 먼저 하나님께서 거하시는 공간에 필요한 것들을 창조하셨습니다. 하나님께서 빛과 소리의 형태로 근본의 우주에 계실 때는 별도로 머물 처소가 필요 없었습니다. 그러나 이제는 형상을 입으셨기에 머물 처소가 필요하게 되었지요.

삼위일체 하나님께서 넷째 하늘에 계실 때는 형상을 입지 않을 수도, 입을 수도 있습니다. 그곳에서는 하나님께서 마음에 품는 대로 자유롭게 형태를 바꾸실 수 있는데 형상을 입으실 때도 있으므로 머물 처소가 있습니다. 더구나 천국이 있는 셋째 하늘에서는 항상 형상을 입으시기에 역시 머물 처소를 만드셨고 이와 함께 부릴 수 있는 영적인 존재들을 창조하기 시작하셨습니다.

천사와 그룹을 창조하신 하나님

하나님께서 창조하신 영적인 존재는 두 부류로서 '천사'와 '그룹'입니다. 천사의 형체는 사람과 거의 같은데, 다른 점은 날개가 있다는 것입니다(계 14:6). 사람이 하나님의 형상대로 지음 받았는데 천사도 마찬가지입니다(막 16:5). 다만 천사는 하나님 형체만 닮았고 사람은 마음까지 닮았다는 점이 다르지요.

그러면 천사의 크기는 어떠할까요? 사람과 비슷한 천사도 있지만 매우 작은 천사도 있고 어마어마하게 큰 천사도 있습니다. 또한 천사는 하나님의 명을 좇아 사명을 감당하는 데 적합한 성품 및 외모를 갖고 있습니다.

예를 들어 군대장관 역할을 하는 천사라면 남성적인 천사가 적합하고 춤추며 찬양하는 천사는 여성적인 천사가 더 적합합니다. 그렇다고 해서 무용하는 천사 중에 남성적인 천사가 없다는 뜻은 아닙니다. 이 세상에도 남자 무용수가 있어서 그에 맞는 배역을 감당하듯이 천사들도 마찬가지입니다. 남성적 혹은 여성적인 천사가 있다 해서 천사에게 성이 있다는 것은 아닙니다. 천사의 생김새와 느낌, 행동 등 분위기가 남성적 또는 여성적이라는 의미입니다.

천사는 하나님을 섬기며 하나님의 명령에 따라 일을 하는데 사명이 다양하며 그 수가 헤아릴 수 없을 만큼 많습니다.

"모든 천사가 보좌와 장로들과 네 생물의 주위에 섰다가 보좌 앞에 엎드려 얼굴을 대고 하나님께 경배하여"(계 7:11)

"내가 또 보니 힘센 다른 천사가 구름을 입고 하늘에서 내려오는데 그 머리 위에 무지개가 있고 그 얼굴은 해 같고 그 발은 불기둥 같으며"(계 10:1)

"모든 천사들은 부리는 영으로서 구원 얻을 후사들을 위하여 섬

기라고 보내심이 아니뇨"(히 1:14)

　그중에는 영의 세계에서 고유한 사명을 감당하는 천사가 있는가 하면, 이 땅에 내려와 하나님의 자녀를 수종하는 천사도 있습니다. 하나님의 자녀가 얼마나 성결되어 영의 사람, 온 영의 사람이 되었느냐에 따라 수종하는 천사의 수가 달라지며 그러한 천사들 사이에도 서열이 매우 정확합니다. 또한 하늘에는 우리의 일거수일투족을 감찰하는 천사들이 있습니다. 하나님의 자녀뿐만 아니라 이 땅에 살고 있는 모든 사람을 한 사람씩 맡아서 그의 말과 행실을 전부 기록하고 있지요.

　'그룹'의 형체는 다양합니다. 천사가 사람의 형체를 닮은 데 반해 그룹은 짐승의 형체를 닮았습니다. 하나님을 호위하는 사명을 맡은 그룹은 사자, 독수리, 소 등 여러 동물 형체를 가졌습니다.

　"그룹을 타고 날으심이여 바람 날개로 높이 뜨셨도다"(시 18:10)

　사람들이 상상의 동물로 여기는 용도 원래는 그룹의 일종이었습니다. 하나님께서 창조하신 용의 처음 모습은 참으로 아름답고 사랑스러웠으며 하나님께 있어서 마치 애완동물과 같았습니다. 몸에는 매우 부드러운 깃털과 손과 발이 있었으며 오색찬란한 빛이 말로 표현하기 어려울 정도로 아름다웠습니다. 용들은 그룹의 머리급으로서 위엄과 권세와 능력이 대단히 컸고 휘하에는 부릴 수 있는 사자(使者)들이 무수히 많았습니다.

　'그룹' 중에는 용 외에도 네 생물이 있는데, 영안이 열려 보면 어두운 색을 띤 단단한 쇳덩어리처럼 보입니다. 네 생물은 하나님의 명에 따라 재앙과 심판을 내리는 사명을 감당하며 하나님의 위엄과 권세를 나타냅니다. 각 생물은 사람, 사자, 송아지, 독수리 이렇게 네 개의 얼굴을 가졌고 네 사람이 등을 맞대고 연이어 서 있는 듯한 형상입니다. 그 가운데에는 불덩어리가 오르락내리락하지요. 온몸에는 눈이 가득하여 모든 것을 두루 감찰합니다.

하나님은 '천사'와 '그룹'을 창조하실 때 사람과 달리 자유 의지를 주지 않고 질서에 따라 하달되는 명령에만 순종하는 존재로 만드셨습니다. 하나님께서는 지금도 이러한 천사와 그룹들을 통해 온 우주를 통치하고 계십니다.

조직과 질서가 잘 짜여진 영의 세계

성경에는 일반 '천사' 뿐만 아니라 '천군'과 '천사장'도 나옵니다. 누가복음 2장 13절에 홀연히 허다한 천군이 그 천사와 함께 있어 하나님을 찬송하였다 했습니다. 천군이란 하늘의 군대입니다. 또한 데살로니가전서 4장 16절에는 "주께서 호령과 천사장의 소리와 하나님의 나팔로 친히 하늘로 좇아 강림하시리니" 말씀했지요. 이처럼 천사장이 있다는 것은 천사의 세계에도 서열이 있음을 나타냅니다.

천사장들은 하나님의 손과 발, 눈과 귀로서 모든 분야를 두루 살핍니다. 하나님의 곁에서 직접 지시를 받고 보고도 드립니다. 이러한 장관급 천사장의 휘하에는 무수한 천사들이 있습니다. 천사장

혼자서 전부를 지휘하는 것이 아니라 일정한 단위로 머리급 천사를 두어 지휘합니다. 이를 통해 위에서 명령이 떨어지면 정확하게 전달되고 아래서 보고하는 내용도 정확하게 전달됩니다. 여러 단계를 거친다 해도 순식간에 이뤄지지요.

하나님께서 보좌에 앉아 계시면서도 전 세계 모든 사람을 감찰하실 수 있는 것은 이러한 천사의 역할 때문입니다. 물론 하나님은 전지전능하시기에 혼자서도 모든 것을 감찰하실 수 있습니다. 그럼에도 불구하고 천사들은 직접 가서 확인한 것을 하나님께 보고합니다. 이처럼 천사들은 보고자일 뿐만 아니라 보고 내용의 증인도 될 수 있습니다. 그래서 하나님께서 어떤 것을 심판하실 때 그 판결에 공의의 빛을 더해 줍니다.

예를 들어, 하나님께서 소돔과 고모라를 심판하실 때 어떻게 하셨습니까? 창세기 19장 1절에 "날이 저물 때에 그 두 천사가 소돔에 이르니" 했지요. 하나님께서는 소돔, 고모라를 멸하시기 전에 천사들을 보내 다시 한 번 살피게 하셨습니다. 그런데 소돔 사람들은 이 두 천사에게까지 해를 가하려 하는 등 심히 패역한 모습을 드러냈습니다. 결국, 하나님께서는 소돔과 고모라에 불의 심판을 내리셨습니다.

대표적인 천사장으로는 가브리엘 천사장과 미가엘 천사장이 있습니다. 가브리엘 천사장은 문관에 해당하며 하나님의 특별한 계시나 말씀을 전할 때 나타납니다. 풍채가 크고 위엄이 있으며 소매가 넓은 옷을 입고 있는데, 그 안에 하나님의 계시를 넣습니다. 마치 왕의 교지를 갖고 있는 신하에게 신분을 나타내는 증표가 있듯이 가브리엘 천사장도 어떤 인장과 같은 무늬가 새겨진 옷을 입고 있습니다.

미가엘 천사장은 무관에 해당하며, 눈빛에 위엄이 서려 있습니다. 그는 갑옷과 같은 옷을 입었고 허리에는 보석으로 장식된 허리띠를 두르고 있는데, 안에 여러 무기를 지니고 있습니다. 무기의 개념은 영적인 싸움을 할 수 있는 권세를 하나님이 주셨다는 의미입니다. 영적인 싸움이 얼마나 치열한가에 따라 나오는 상징적인 무기가 달라집니다.

이 외에 두 큰 천사장도 있습니다. 두 큰 천사장은 여성 이미지이며 큰 권세와 위엄을 가졌고 잘 웃지 않습니다. 그들이 나타날 경우에는 굉장히 큰 하나님의 역사가 따르게 됩니다. 키가 얼마나 큰지 가령, 천장이 높은 건물 안에서 볼 때 옷의 끝자락만 보일 정도입니다. 옷 끝자락이 보인다고 해서 어느 정도 크기일 것이라고 사람의 잣대로 가늠할 수는 없습니다. 육의 개념과 영의 개념은 다르기 때문이지요.

삼위일체 하나님께 속한 세 천사장

하나님께서는 수많은 천사 외에도 삼위일체 하나님을 섬기는 사명을 맡은 직속 천사를 창조하셨습니다. 루시퍼를 비롯한 세 천사장이지요. 이들은 천사장과 같은 위치와 위엄을 가졌지만 일반 천사장과는 달리 특별한 권세가 있었습니다.

원래 하나님이 만드신 영의 존재들에게는 자유 의지가 주어지지 않았습니다. 다만 로봇과 같이 명령에 순종하는 존재이지요. 그런데 삼위일체 하나님께 속한 세 천사장에게는 예외적으로 인간만이 가질 수 있는 인성과 자유 의지를 주셨습니다. 인간 경작을 통해 얻은 자녀들과는 다르지만 그래도 사랑을 주고받기 위하여 인성을 가진 존재로 만드신 것입니다. 자유 의지 속에서 삼위일체 하나님을 마음으로 섬기며 기쁨과 행복을 함께 나눌 수 있도록 섭리하셨습니다.

세 천사장은 여성적인 외모에 모두가 곱고 선하며 아름다운 마음을 지녔습니다. 입에서 나오는 말에는 선한 향이 가득하고 모든 행실도 우아했지요. 하지만 성품 면에서 조금씩 다른 점이 있었습니다. 그중 루시퍼의 마음은 다른 두 천사장보다 강한 면이 더 많았습니다. 루시퍼는 음악을 담당하는 천사장으로서 아름다운 목소리와 악기로 하나님을 찬양하며 기쁘게 해 드렸습니다. 하나님은 그의 찬양을 기뻐하며 지극히 사랑하셨습니다.

하나님께서 루시퍼의 모습을 보여 주신 적이 있는데 보석으로 수놓은 크고 화려한 드레스를 입고 있었습니다. 머리에는 보석으로 연결된 장식을 늘어뜨려 금빛 머리와 조화를 이루었으며, 멋진 악기를 들고 찬양하는 모습이었습니다. 늘어뜨린 보석 소리와 찬양 소리가 어우러져 바람이 흩날리듯 울려 퍼지면서 하나님께 올라가는

데 얼마나 아름다웠는지요.

그런데 오랜 세월 하나님 곁에서 사랑을 받으며 많은 권세를 누리다 보니 루시퍼에게 차츰 교만이 싹트기 시작했습니다. 하나님 곁에 있으면서 행하시는 일들과 모든 영계를 다스리는 엄청난 권세를 보자 그 권세가 탐나기 시작했고 자신이 하면 더 잘할 수 있을 것 같다는 교만이 마음 안에 자라났던 것입니다. 결국 하나님보다 높아지고자 치밀한 계획을 세우고 자신의 세력을 구축해 나갑니다.

하나님의 사랑을 받던 루시퍼는 대단한 권세를 가지고 있었기에 그 권세를 이용하여 자신의 영향력이 미치는 천사들을 자기편으로 규합하기 시작했습니다. 마치 자신이 하나님 뜻과 명령으로 비밀한 사명을 수행하는 것처럼 속여 수많은 천사와 하나님의 사랑받던 용들과 용의 휘하에 있던 그룹들을 포섭하였지요.

루시퍼의 반란과 패배

하나님께서는 루시퍼의 마음을 알고 돌이킬 수 있도록 기회를 주셨습니다. 배신의 결과에 대해 알려 주며 깨달을 수 있도록 하셨습니다. 그러나 이미 루시퍼의 마음에는 하나님과 같이 높아지려는 교만이 자리 잡고 있었기에 끝내 돌이키지 못했습니다. 하나님을 대적하여 반란을 일으킨 루시퍼는 결국 패하여 자신을 따르던 무리와 함께 쫓겨나 깊은 흑암 속, 곧 무저갱에 갇히게 됩니다. 이러한 루시퍼의 반란과 패배 그리고 그 결과에 대해 이사야 14장 12~15절에 자세히 나옵니다.

"너 아침의 아들 계명성이여 어찌 그리 하늘에서 떨어졌으며 너 열국을 엎은 자여 어찌 그리 땅에 찍혔는고 네가 네 마음에 이르기를 내가 하늘에 올라 하나님의 뭇별 위에 나의 보좌를 높이리라 내가 북극 집회의 산 위에 좌정하리라 가장 높은 구름에 올라 지극히 높은 자와 비기리라 하도다 그러나 이제 네가 음부 곧 구덩이의 맨 밑에 빠치우리로다"

루시퍼를 따랐던 천사들에 대해서도 성경은 기록하고 있습니다. 베드로후서 2장 4절에 "하나님이 범죄한 천사들을 용서치 아니하시고 지옥에 던져 어두운 구덩이에 두어 심판 때까지 지키게 하셨으며" 했습니다. 또한 유다서 1장 6절에는 "자기 지위를 지키지 아니하고 자기 처소를 떠난 천사들을 큰 날의 심판까지 영원한 결박으로 흑암에 가두셨으며" 했습니다. 루시퍼를 따랐던 천사들도 이처럼 무저갱에 갇힌 것입니다.

이렇게 창세 이전에 영의 세계에서 있었던 일을 알려 주는 내용이 창세기 1장 2절에 나옵니다. "땅이 혼돈하고 공허하며 흑암이 깊음 위에 있고 하나님의 신은 수면에 운행하시니라" 말씀했지요. 여기에는 영적인 의미와 육적인 의미가 복합적으로 담겨 있습니다. 이전에 영의 세계에서 있었던 일을 설명함과 동시에 육의 세계에서 이뤄진 일을 함축해서 표현한 것입니다.

영적으로 '땅이 혼돈하다'는 것은 루시퍼의 반란 사건으로 인해 영계의 질서가 잠시 혼란해진 상태를 나타냅니다. 땅의 영적인 의미는 '루시퍼가 주관하는 어둠의 세계'인데 루시퍼와 그를 따랐던 무리들이 하나님께서 세우신 질서를 깨뜨림으로 영계에 혼란을 가져온 것을 '땅이 혼돈하다'고 한 것입니다. 다음으로 '공허하다' 했는데 이는 많은 사랑을 주었던 루시퍼로부터 배신당한 하나님의 마음 상태를 나타냅니다.

그러나 루시퍼의 반란은 곧 진압되었고 악한 영들은 지옥의 가장 깊은 곳인 무저갱에 갇혔는데 이를 '흑암이 깊음 위에 있다'고 표현했습니다. 하나님께서는 어둠의 세력을 무저갱에 가두심으로 영의 세계의 혼돈을 평정하셨습니다. "하나님의 신은 수면에 운행하시니라"는 말씀이 바로 하나님께서 모든 것을 평정하신 상황을 뜻합니다.

첫째 하늘에 지구를 창조하신 하나님

루시퍼의 반란이 평정된 후에 하나님께서는 때가 이르자 인간 경작을 위해 지구를 창조하십니다. 그런데 처음 지구를 만드셨을 때의 상태는 지금과 같지 않았습니다. 지각의 변동과 화산 폭발 같은 지질 활동이 왕성하게 일어나며 대기 중에서도 갖가지 복잡한 반응들이 일어났지요.

이처럼 불안정한 지구의 상태를 육적인 의미로 '땅이 혼돈하고 공허하다'고 한 것입니다. 다음으로 흑암이 깊음 위에 있다는 것은 지구가 창조되었을 때 우리 은하계 안에 지구 외에는 태양과 달, 별들이 없었으므로 지구가 캄캄한 어둠에 싸여 있었던 것을 말씀합니다. 하나님께서는 지구에 필요한 내용물을 하나씩 채워 가실 때에 정성을 들이셨습니다. 마치 사랑하는 가족을 위해 집을 짓는 가장이 집 전체를 마음에 품고 필요한 것을 채워가듯이 온 지구를 마음에 품고 창조 역사를 이루셨던 것입니다.

이러한 과정을 "하나님의 신은 수면에 운행하시니라"고 표현했습니다. 이때 하나님은 지구에 친히 내려오셨습니다. 지구를 두루 운행하면서 지구에 필요한 것이 무엇인지 또 그것을 어떻게 조성할지를 살피셨습니다. 하나님의 신이 '수면'에 운행하셨다는 것으로 보아 당시 지구가 물로 덮여 있었음을 알 수 있지요. 마치 태아가 어머니 배 안에 있는 양수 속에서 자라듯이 지구 위에 6일간의 창조가 시작되기 전에 지구는 오랜 시간 동안 물속에 잠긴 채로 있었던 것입니다.

그러면 당시에 지구를 완전히 덮었던 이 물은 어디서 왔을까요? 이 물은 하나님께서 새롭게 창조하신 것이 아니라 하나님의 보좌로부터 흘러나오는 생명수였습니다. 하나님께서 드넓은 영의 공간에 영의 세계를 만들며 그곳에 두신 생명수를 육의 세계인 지구에도 두신 것입니다. 이처럼 지구를 처음에 온통 생명수로 덮으신 이유는 장차 인간을 비롯한 모든 생명체가 지구에서 살 수 있는 환경을 조성하기 위해서였습니다.

태양계에서 지구처럼 물이 풍부한 행성은 찾아볼 수가 없지요. 아직까지 생명을 유지하는 데 충분한 물을 가진 곳은 지구 외에는 그 어디서도 발견되지 않았습니다. 하나님이 지구에만 생명수를 유입하여 생명체가 살아갈 수 있는 기본 환경을 만들어 주셨기 때문입니다.

하나님께서는 생명수로 지구를 덮으시면서 모든 사람이 하나님 안에서 영생을 얻기를 바라셨습니다. 장차 지구에서 살아갈 모든 인생들이 인간 경작을 통해 생명수처럼 맑고 깨끗한 마음을 가진 참 자녀로 나오기를 원하신 것입니다.

빛과 어둠을 나누신 하나님의 섭리

마침내 하나님께서는 천지 창조 첫째 날 사역을 시작하십니다. 창세기 1장 3~4절에 "하나님이 가라사대 빛이 있으라 하시매 빛이 있었고 그 빛이 하나님의 보시기에 좋았더라" 했습니다.

하나님은 먼저 "빛이 있으라" 명하셨는데 여기서 빛은 영적인 빛입니다. 하나님 보좌로부터 흘러나온 빛으로서 하나님의 능력과 신성이 담겨 있었습니다. 하나님께서는 이 빛으로 지구를 두르고 더 이상 혼돈하고 공허한 지구가 아니라 모든 것이 정돈되고 일정한 질서와 법칙 속에 운행될 수 있도록 기초를 세우셨습니다.

이어 창세기 1장 4~5절에 "하나님이 빛과 어두움을 나누사 빛을 낮이라 칭하시고 어두움을 밤이라 칭하시니라" 했습니다. 이 말씀은 먼저 육적인 의미로는 하나님께서 해와 달과 별이 있기 전에 이미 지구가 낮과 밤을 반복하며 해와 달이 있을 때와 똑같은 시간의 흐름 속에서 운행이 되도록 역사하셨다는 뜻입니다.

빛이 있으라 하심으로 이미 지구에는 기본적인 질서와 법칙이 세워졌기 때문에 굳이 해와 달이 없어도 있을 때와 동일하게 운행되고 있었습니다. 다시 말해 해와 달이 있어서 지구의 낮과 밤이 존재하게 된 것이 아니라 하나님께서 처음부터 세우신 낮과 밤이라고 하는 질서와 법칙에 따라 나중에 해와 달이 만들어져서 각각 낮과 밤을 주관하게 되었다는 말입니다.

그런데 빛과 어둠을 나누셨다는 말씀에는 이보다 중요한 영적인 의미가 담겨 있습니다. 천지 창조 첫째 날에 하나님께서 무저갱에 갇혀 있는 루시퍼를 비롯하여 타락한 천사 일부를 풀어 줌으로 어둠에 속한 영의 세계가 형성되었음을 의미합니다. 지구의 모든 것이 빛인 낮과 어둠인 밤을 주기로 돌아가듯이 하나님께서는 인간 경작을 위해 영적으로도 빛과 어둠이 있어야 할 것을 아셨습니다. 그래서 태초부터 모든 것을 계획하시고 마침내 때가 되어 하나님을 배신한 루시퍼에게 권세를 주어 어둠의 주관자로 허락하신 것입니다.

그렇다 해서 드넓은 영의 공간의 주인이신 창조주 하나님과 대등한 권세를 주었다는 뜻은 아닙니다. 인간 경작 한계 내에서 그들이 부릴 수 있는 영적인 존재들과 질서 체계를 허락하심으로 동등한 조건 하에 인간 경작이 이루어질 수 있도록 역사하셨다는 의미입니다. 원래 어둠은 빛에 속해 있다가 변질되어 나온 것으로서 결국은 빛이신 하나님의 능력 안에 있는 것입니다. 그래서 어둠이 결코 빛을 초월할 수 없습니다.

둘째 하늘에 어둠의 공간을 허락하신 하나님

하나님께서는 천지 창조 둘째 날에 하늘의 기초를 세우셨습니다. 창세기 1장 6~8절에 "하나님이 가라사대 물 가운데 궁창이 있어 물과 물로 나뉘게 하리라 하시고 하나님이 궁창을 만드사 궁창 아래의 물과 궁창 위의 물로 나뉘게 하시매 그대로 되니라 하나님이 궁창을 하늘이라 칭하시니라 저녁이 되며 아침이 되니 이는 둘째 날이니라" 말씀합니다.

하나님 보좌에서 흘러나온 생명수로 인간 경작의 터전인 지구를 안정시킨 하나님께서는 궁창을 만드셨습니다. 지구에 궁창 곧 하늘이 만들어졌다는 것은 대기권이 형성되었음을 뜻합니다. 그리고 지구를 덮고 있던 물을 궁창 아래의 물과 궁창 위의 물로 나누셨습니다.

궁창 아래의 물은 지구에 남아있는 물로서 천지 창조 셋째 날에 한곳으로 모여 바다를 이루고 그 밖에 강과 호수 등 장차 지구에 필요한 물의 근원이 됩니다. 반면에 궁창 위의 물은 구름을 형성하여 비가 오게 하는 등 기상 활동에 사용이 되지만 그보다 에덴동산을 창설하기 위해 두신 것입니다.

그런데 하나님께서 궁창이라 칭하신 하늘을 창조하신 것은 우리 눈에 보이는 하늘만 말하는 것이 아닙니다. 창세기 1장을 보면 하나님께서는 6일간 천지 창조를 하면서 '좋았더라' 말씀하시는데 유독 둘째 날에만 이 말씀을 하지 않으셨습니다. 그 이유는 바로 둘째 날에 악한 영들이 공중 권세를 잡고 인간 경작을 위한 도구로 쓰임받도록 둘째 하늘에 어둠의 공간을 허락하셨기 때문입니다.

에베소서 2장 2절에 "그때에 너희가 그 가운데서 행하여 이 세상 풍속을 좇고 공중의 권세 잡은 자를 따랐으니 곧 지금 불순종의 아들들 가운데서 역사하는 영이라" 했습니다. 이는 악한 영들이 머무는 어둠의 공간이 '공중'임을 말해 줍니다. 바로 에덴동산의 동편을 경계로 자리 잡고 있는 공간이며(창 3:24) 악한 영들은 인간 경작이 끝날 때까지 그곳에 머물게 됩니다.

물론 둘째 하늘에는 장차 생령 아담이 창조되어 살아갈 공간인 에덴동산과 인간 경작을 마친 후 7년 혼인 잔치가 이루어질 공간도 있습니다. 그러나 악한 영들이 권세를 잡고 머무는 어둠의 공간이 만들어졌기에 하나님께서 좋았더라 말씀하시지 않은 것입니다.

루시퍼를 중심으로 형성된 악한 영의 세계

루시퍼는 어둠의 주관자가 되기 전에 성부 하나님 곁에서 오랫동안 많은 것을 보고 배웠습니다. 하나님께서 천사와 그룹들을 통해 드넓은 영의 공간을 다스리시는 것을 보았기에 자신도 악한 영의 세계를 만들면서 그대로 모방합니다. 두 가지 조직 체계를 통해 명령을 내리며 어둠의 세계를 통치하는 것입니다. 바로 용과 용의 사자들로 이루어진 체계와 사단과 마귀로 이뤄진 체계입니다.

먼저 용들에게는 마치 군대장관과 같이 실질적인 권세를 주어서 일을 이루게 하고 용의 휘하에 있던 그룹들로 하여금 용의 사자들로서 용을 돕게 하였습니다. 공중 권세 잡은 네 마리의 용들은 자기가 경배받기 위해서 어둠의 사람들을 주관해 나갑니다. 우상을 섬기는 곳에 침투하여 자신을 경배하게 하는 것이지요.

또한 루시퍼는 보이지 않게 뒤에서 모든 것을 조종하면서 사단이라는 존재를 부리고 있습니다. 루시퍼의 마음과 생각을 100% 그대로 가지고서 사람들의 비진리의 생각을 주관해 가는 것이 바로 사단입니다. 실질적인 형태는 없고 검은 연기와 같은 모습입니다. 그래서 사단의 역사를 받는 사람의 얼굴 주변에는 검은 연기 같은 것이 드리워져 있습니다. 어떤 사람은 머리부터 발끝까지 검은 연기가 드리워져 있기도 하지요.

그리고 비진리의 생각을 행동으로 옮기게 하는 것은 마귀의 역사입니다. 타락한 천사 중 일부가 무저갱에서 풀려나와 마귀로 활동하고 있습니다. 마귀는 천사와 정반대의 행동을 하며 온통 검은 옷을 입은 모습입니다.

만일 마귀가 부추기는 대로 악한 행동을 일삼고 마음까지 내주면 결국 귀신이 역사하여 그 사람을 사로잡습니다. 귀신은 악한 영에 속하지만 타락한 천사와 같이 하나님이 만드신 영물이 아닙니다. 우리와 같이 이 땅에 태어나 살았던 존재로서 구원받지 못하고 죽은 사람 중 일부가 특별한 조건 하에 세상에 나와 악한 영들의 하수인 노릇을 하는 것이지요.

이처럼 루시퍼를 중심으로 형성된 악한 영들은 어찌하든 한 사람이라도 더 어둠의 세계로 이끌기 위해 하나님의 섭리를 훼방하고 있습니다. 하나님께서 루시퍼를 비롯한 악한 영들에게 어둠의 권세를 주신 것은 인간 경작을 통해 참 자녀를 얻기 위함입니다. 참 자녀란 하나님을 닮아 빛 가운데, 진리 가운데 살아가는 사람입니다. 하나님을 믿고 예수가 우리의 구세주임을 믿으며 자유 의지 가운데 하나님을 사랑하고 순종하는 자녀이지요.

루시퍼를 중심으로 형성된 악한 영의 세계는 마치 농부가 농작물에 주는 '비료'에 비유할 수 있습니다. 비료는 독성이 있어서 사람이 먹으면 몸에 해롭지만 농작물에 뿌려 주면 실하고 좋은 열매를 맺습니다. 이와 마찬가지로 어찌하든 하나님을 대적하고 하나님의 자녀들을 범죄하게 만드는 루시퍼와 악한 영들의 작용으로 인해 우리가 어둠이 얼마나 더럽고 추하며, 상대적으로 빛이 얼마나 소중한지 깨닫게 됩니다. 그리하여 더욱 빛을 사모하며 하나님이 원하시는 빛의 자녀가 되지요. 결과적으로 루시퍼를 비롯한 악한 영들은 하나님의 인간 경작을 돕고 있는 것입니다.

하나님은 인간에게 자유 의지를 주고 스스로 빛과 어둠 중에서 선택할 수 있도록 역사하셨습니다. 하나님을 사랑하는 사람이라면 당연히 하나님께서 계신 빛 가운데로 나가게 되는데 이를 통해 참 자녀를 얻는 것이 바로 인간 경작입니다. 자유 의지 가운데 어둠에서 나와 빛에 거함으로 빛이신 하나님을 온전히 닮아 가는 사람이라야 하나님의 참 자녀라 할 수 있습니다. 이들은 빛의 공간에서 영원히 주님과 함께 살면서 하나님이 주시는 행복과 영광을 세세토록 누리게 됩니다.

빛과 어둠의 영역이 공존하는 둘째 하늘

빛의 공간은 하나님이 다스리는 영역입니다. 둘째 하늘에 있는 에덴, 구원받은 사람들이 영원히 살아갈 천국이 있는 셋째 하늘, 하나님 근본의 영역인 넷째 하늘이 여기에 해당합니다.

둘째 하늘은 빛의 영역과 어둠의 영역이 공존합니다. 앞서 설명한 대로 하나님께서 인간 경작을 위해 천지 창조 첫째 날에 빛과 어둠을 나누셨습니다. 그래서 천지 창조 첫째 날 밤에 무저갱에서 풀려난 루시퍼와 악한 영들이 둘째 날이 되자, 둘째 하늘의 어둠의 영역에 머물게 된 것입니다. 하나님께서는 루시퍼와 악한 영들이 인간 경작 기간 동안 둘째 하늘의 어둠의 영역에 머물 수 있게 하셨습니다.

그러면 둘째 하늘에 있는 빛의 영역에는 어떤 공간이 있을까요?

인간 경작의 열매인 구원받은 영혼들이 장차 주님과 7년 혼인 잔치를 하는 장소가 둘째 하늘의 빛의 영역에 조성됩니다. 데살로니가전서 4장 17절에 보면 "그 후에 우리 살아남은 자도 저희와 함께 구름 속으로 끌어올려 공중에서 주를 영접하게 하시리니 그리하여 우리가 항상 주와 함께 있으리라" 했습니다. 바로 여기에 나온 '공중'이 둘째 하늘의 빛의 영역 안에 있는 별도의 공간이지요.

또 둘째 하늘에 있는 빛의 영역에서 중요한 부분을 차지하는 공간은 '에덴동산'입니다. 많은 사람이 에덴동산이 지구에 있었다고 생각합니다. 그래서 이스라엘 주변의 중동 지역 등을 탐사하기도

하지요. 그러나 지금까지 어디에서도 에덴동산의 유적이 발견된 곳이 없습니다. 에덴동산은 지구가 아닌 영의 세계인 둘째 하늘에 만들어졌기 때문입니다.

하나님께서는 첫 사람 아담을 지구에서 만드신 후 둘째 하늘의 에덴동산으로 이끌어 들이셨습니다. 이는 아담이 흙으로 지어졌지만 육의 존재가 아니었기 때문입니다. 창세기 2장 7절에 "여호와 하나님이 흙으로 사람을 지으시고 생기를 그 코에 불어 넣으시니 사람이 생령이 된지라" 말씀하셨지요. 아담은 하나님의 생기로 인해 '생령' 곧 살아있는 영적인 존재가 되었습니다. 이런 아담에게 적합한 공간은 육의 공간이 아닌 둘째 하늘에 있는 영의 공간인 에덴동산이었습니다.

에덴동산은 영의 세계이지만 셋째 하늘에 있는 천국과는 차원이 다릅니다. 분명 영의 세계이지만 그곳에 있는 존재가 이 땅에 온다면 육의 사람 눈에도 보이고, 손으로 만질 수도 있습니다. 에덴동산의 환경은 지구와 비슷하지만 영의 세계이기에 식물이나 동물도 죽지 않고 썩거나 냄새나는 일도 없습니다. 맑고 깨끗하며 아름다운 자연환경이 그대로 유지됩니다. 그곳은 우리가 상상할 수 없을 만큼 광활한 곳입니다. 하나님께서는 이처럼 생령 아담을 위해 이 땅과는 별도로 영의 공간인 둘째 하늘에 에덴동산을 창설하셨습니다.

천국이 있는 셋째 하늘과 하나님의 공간 넷째 하늘

셋째 하늘은 우리가 소망하는 천국이 있는 곳입니다. 하나님의 보좌가 있으며, 예수 그리스도를 통해 구원받은 하나님의 자녀가 영원히 살아갈 공간입니다. 사도 바울은 셋째 하늘에 이끌려 가서 천국의 '낙원'을 보고 왔다 했는데 요한계시록 21장에서 사도 요한은 천국 '새 예루살렘'에 대해 자세히 기록해 놓았지요. 따라서 천국은 하나의 공간이 아니라 여러 개로 나뉘어 있음을 알 수 있습니다.

먼저, 사도 바울이 보고 온 낙원은 간신히 구원받을 수 있는 믿음을 가진 성도들이 머무는 처소입니다(눅 23:42~43). 이보다 나은 믿음을 가진 사람이 가는 곳이 1천층이며, 그보다 나은 믿음의 성도들은 2천층에 들어갑니다. 성결되어 악은 모양이라도 버린 믿음의 성도들은 3천층에 들어가며, 악을 버렸을 뿐 아니라 온 집에 충성하여 하나님을 기쁘시게 하는 믿음 곧 온 영을 이룬 사람들은 하나님의 보좌가 있는 거룩한 성, 새 예루살렘에 들어갑니다. 셋째 하늘의 처소 가운데 새 예루살렘이 가장 빛나며 새 예루살렘에서 멀어질수록 처소의 빛이 약합니다. 그러나 빛이 가장 약한 낙원이라 해도 우리가 살아가는 첫째 하늘과는 견줄 수 없으며 둘째 하늘의 에덴동산보다도 훨씬 빛이 강하고 아름다운 곳입니다.

넷째 하늘은 하나님께서 태초에 홀로 계시던 공간이며, 삼위일체 하나님을 위한 공간입니다. 근본의 하나님이 하나의 빛으로 응집되신 곳이 이 넷째 하늘에 있으며, '근본의 우주'와 차원이 같은 공간입니다. 첫째, 둘째, 셋째 하늘의 공간에는 각각 다른 시간의 흐름이 있는 반면, 넷째 하늘의 공간은 시간의 흐름이 거의 정지되어 있다고 할 수 있으며 어떠한 시간의 제약도 따르지 않습니다. 또한 하나님께서 마음에 품으시는 대로 될 수 있어서 공간의 제약도 전혀 없지요.

삼위일체 하나님 외에는 임의로 들어갈 수 없으며, 이 땅에서 경작받아 새 예루살렘에 들어간 특별한 몇몇 분과 천사장만이 하나님의 허락 하에 들어갈 수 있습니다. 하나님의 허락이 없으면 누구도 접근할 수 없는 장소이지요. 만일 누군가 허락 없이 들어간다면 영 자체가 연기처럼 흩어져 버립니다.

지금까지 드넓은 영의 공간에 대해 살펴보았는데, 하나님께서는 참 자녀를 얻고자 하나의 공간을 첫째 하늘, 둘째 하늘, 셋째 하늘, 넷째 하늘로 구분하셨습니다. 이렇게 '하늘'에 속한 공간이 있는 반면에 '땅'에 속한 공간도 있습니다. 바로 윗음부와 아랫음부, 그리고 지옥과 무저갱이 그렇습니다.

빛의 영역인 윗음부와 어둠의 영역인 아랫음부

하나님께서는 빛이신 하나님께 속한 곳을 '하늘'로, 어둠인 원수 마귀 사단에 속한 곳을 '땅'으로 표현하십니다. 그러나 예외적인 경우도 있는데 바로 윗음부입니다.

구원받은 영혼들은 천국의 대기 장소인 낙원에 들어가기 전에 3

일 동안 윗음부에 머물게 됩니다. 윗음부는 영의 세계에서 위치상으로는 하늘이 아닌 땅에 속한 곳입니다. 그렇다 해서 윗음부가 어둠에 속해 있다는 것은 아닙니다. 윗음부 역시 하나님께 속한 영역으로서 원수 마귀 사단이 침범할 수 없습니다. 어둠의 세력의 주관 아래 있는 아랫음부와는 분명히 구별되는 곳으로서 진리의 영역이며 빛의 영역이지요.

그러나 윗음부가 영의 세계에서 볼 때에 둘째 하늘에 있는 에덴동산보다도 못한 곳이기에 하늘이 아닌 땅에 속한 곳이라 하는 것이며, 그래서 성경에는 구원받은 영혼이 윗음부로 갈 때도 올라간다고 표현하지 않고 내려간다고 한 것입니다.

"그 모든 자녀가 위로하되 그가 그 위로를 받지 아니하여 가로되 내가 슬퍼하며 음부에 내려 아들에게로 가리라 하고 그 아비가 그를 위하여 울었더라"(창 37:35)

야곱이 내려가겠다 한 음부는 구원받지 못한 사람이 가는 아랫음부가 아니라 구원받은 사람이 가는 윗음부를 의미합니다.

또 사무엘상 28장 12~13절을 보면 "여인이 사무엘을 보고 큰 소리로 외치며 사울에게 말하여 가로되 당신이 어찌하여 나를 속이셨나이까 당신이 사울이시니이다 왕이 그에게 이르되 두려워 말라 네가 무엇을 보았느냐 여인이 사울에게 이르되 내가 신이 땅에서 올라오는 것을 보았나이다" 했습니다. 이 말씀은 신접한 여인이 죽은 사무엘 선지자의 모습을 보고 놀라 고백하는 장면입니다. 사무엘 선지자는 윗음부에 있었기 때문에 영혼을 부르니 땅에서 올라왔다고 표현한 것입니다.

물론 여기서 신접한 여인이 사무엘 선지자를 불러낸 것은 아닙니다. 무당이나 신접한 자가 하나님과 교통할 수 있는 방법을 알거나 죽은 영혼을 불러올릴 수 있는 능력은 없습니다. 이들은 어둠의 영역과 접하며 귀신을 불러들일 수 있을 뿐입니다.

다만 이때 하나님께서 그분의 능력으로 윗음부에 있던 사무엘을 이끌어 하나님의 뜻을 깨우칠 수 있도록 허락하셨던 것입니다. 비록 사울이 불순종으로 버림받은 상태였지만 이스라엘 백성이 세운 왕이었고 사무엘 선지자가 살아생전에 사울이 악과 불순종에서 돌이킬 수 있도록 애통하며 기도했던 것을 기억하여 특별히 은혜를 베푸신 것입니다.

사무엘 선지자가 윗음부에 있었던 이유는 아직 예수님이 십자가를 지시기 전이기 때문입니다. 예수님께서 십자가에서 죽으시고 부활하신 후에야 윗음부에 머물던 영혼들을 천국의 낙원에 있는 대기 장소로 데리고 가셨습니다. 예수님이 부활하시기 전에는 구원받은 영혼들이 윗음부에 있었고, 믿음의 조상 아브라함이 그곳을 주관하고 있었습니다. 그래서 구원받아 죽은 영혼이 아브라함 품에 들어갔다고 표현하고 있습니다.

"이에 그 거지가 죽어 천사들에게 받들려 아브라함의 품에 들어가고"(눅 16:22)

성경에는 윗음부와 아랫음부를 정확히 구분하지 않고, 다만 죽은 후에는 음부로 내려간다고 표현합니다. 그런데 예수님께서는 부자와 나사로의 비유를 통해 구원받은 영혼과 구원받지 못한 영혼이 가는 곳이 다름을 말씀하셨습니다. 구원받은 나사로가 간 아브라함의 품, 곧 윗음부는 구원받지 못한 부자가 간 아랫음부와는 다른 장소이며, 그 사이에는 큰 구렁이 있어 오고갈 수 없습니다. 영의 세계를 하늘과 땅으로 구분하여 설명할 때에는 비록 윗음부를 땅 아래에 있는 곳으로 표현하지만 분명히 하나님께 속한 빛의 영역입니다.

불못과 유황못으로 이루어진 지옥

빛의 영역과 대비되는 어둠의 영역으로는 아랫음부 외에도 불못과 유황못이 있습니다. 구원받지 못한 영혼이 죽으면 아랫음부에서 고통받다가 대심판 후 불못과 유황못에 들어가는데 요한계시록 20장 12~15절을 보면 어떻게 심판이 이루어지는지 잘 알 수 있습니다. 구원받은 영혼의 이름이 기록된 생명책과 각 사람의 행위가 적힌 책들에 의해 정확하게 심판이 이루어지지요.

"또 내가 보니 죽은 자들이 무론대소하고 그 보좌 앞에 섰는데 책들이 펴 있고 또 다른 책이 펴졌으니 곧 생명책이라 죽은 자들이 자기 행위를 따라 책들에 기록된 대로 심판을 받으니 바다가 그 가운데서 죽은 자들을 내어 주고 또 사망과 음부도 그 가운데서 죽은 자들을 내어 주매 각 사람이 자기의 행위대로 심판을 받고 사망과 음부도 불못에 던지우니 이것은 둘째 사망 곧 불못이라 누구든지 생명책에 기록되지 못한 자는 불못에 던지우더라"

'죽은 자'란 예수 그리스도를 영접하지 않은 사람이나 죽은 믿음을 가진 사람을 의미합니다. 장차 이들이 심판을 받기 위해 하나님 보좌 앞에 서는데 그 앞에는 책들이 펼쳐져 있습니다. 구원받은 사람들의 이름이 기록된 생명책 외에도 구원받지 못하고 죽은 자들의 행함이 낱낱이 적혀 있는 책들이 있습니다. 사람이 태어난 순간부터 삶을 마감할 때까지의 모든 행함은 물론, 마음과 생각에 품었던 것까지 천사에 의해 낱낱이 기록됩니다. 구원받지 못한 영혼들은 기록된 죄의 경중에 따라 심판을 받아 지옥에서 영원한 형벌을 받습니다.

바다는 영적으로 사람이 경작을 받은 터전, 곧 이 세상을 의미합니다. 그러므로 바다가 죽은 자들을 내어 준다는 것은 그들이 세상에서 경작을 받았다는 사실을 알려 줍니다. 또한 세상이 심판을 위해 죽은 자들의 육을 다시 내어 준다는 의미입니다. 사람이 구원받지 못하고 죽음을 맞으면 그 영혼은 아랫음부에 갇히고, 육은 썩어서 세상 어딘가의 흙으로 변합니다. 그런데 대심판 때가 되면, 아랫음부에 있던 죽은 자들의 영혼이 심판에 맞는 육을 입게 되는 것입니다.

또 '사망과 음부도 그 가운데서 죽은 자들을 내어 준다' 했는데 이는 죄로 인해 영원한 사망 가운데 거하게 될 사람들, 곧 아랫음부에서 고통받던 사람들이 하나님 앞에 심판을 받기 위해 서게 된다는 뜻입니다. 그들은 백보좌 대심판 전까지 아랫음부에서 각자의 죄과에 따라 벌레나 짐승에게 찢기거나 지옥사자들에게 고문을 당하는 등 여러 형태의 형벌을 받습니다.

그러다가 심판 후에는 불못이나 유황못으로 떨어져 고통을 겪습니다(계 21:8). 불못은 아랫음부에서 받던 형벌과는 비교도 되지 않을 만큼 엄청난 고통을 받는 장소입니다. 구더기도 타 죽지 않는 불 속에서 영원토록 소금 치듯 고통을 받아야 합니다(막 9:47~49). 유황못은 성령 훼방, 거역, 모독 등 중한 죄를 지은 영혼들이 들어가는 곳으로서 불못보다 일곱 배나 더 뜨거운 고통의 장소입니다.

악한 영들이 갇히는 무저갱

어둠의 공간 중 가장 깊은 곳은 장차 악한 영들이 들어갈 무저갱입니다. 주님께서 공중 강림하신 후 구원받은 하나님의 자녀들이 7년간 혼인 잔치를 하는 동안 이 땅은 공중에서 쫓겨난 악한 영들이 권세를 잡으므로 대환난에 빠집니다. 전 세계가 3차 대전에 휩쓸리는 등 지옥 같은 참상이 벌어지지요. 7년 대환난이 끝나면 악한 영들은 무저갱에 갇히고 이 땅에는 천년왕국이 시작됩니다.

공중에서 7년간 혼인 잔치를 마친 하나님의 자녀들은 주님과 함께 이 땅에 내려와 천 년 동안 왕 노릇 합니다(계 20:4). 7년 대환난으로 황폐해진 지구는 다시 아름다운 환경으로 조성되어 있습니다. 천년왕국이 끝날 때쯤 되면 악한 영들은 하나님의 섭리 가운데 무저갱에서 잠시 풀려나지만 백보좌 대심판 후에는 다시 갇힙니다.

대심판 전에는 루시퍼와 그 부하들이 아랫음부를 주관했지만 이후로는 오직 하나님의 능력으로 지옥이 운행됩니다. 악한 영들은 대심판 후 어둡고 차가운 느낌의 무저갱에 쓰레기처럼 버려집니다. 바위에 짓눌린 듯 꼼짝달싹할 수 없는 상태로 영원히 갇혀 있지요. 이들 중 타락한 천사들은 저주와 치욕의 상징으로 날개가 뜯겨진 채 버려집니다.

단지 버려져 있다고 하니 지옥의 다른 형벌보다 고통이 가벼워 보일 수 있지만 그렇지 않습니다. 마치 물속 깊이 들어갈수록 수압이 강해지듯 지옥도 내려갈수록 육의 기운이 더해집니다. 무저갱은 어둠의 가장 깊은 공간인 만큼 모든 육의 기운이 빽빽하게 들어차 완전히 결집되어 있습니다. 아랫음부에서 지옥사자에게 끔찍한 고문을 받거나 불못, 유황못에 들어가 고통받는 것보다 무저갱에 들어간 자체가 가장 무서운 형벌입니다.

콘크리트처럼 딱딱한 고체 속에 옴짝달싹하지 못한 채 갇혀 있다고 상상해 보십시오. 의식이 깨어 있는데 숨을 쉴 수도 없고 눈 하나 깜빡일 수도 없습니다. 산 채로 화석이 된 상태이지요. 영원히 굳어진 채 온갖 고통과 절망의 기운들, 육의 기운으로 터질 듯 조여들며 짓눌러 오는 압박을 고스란히 견뎌야 하는 것입니다.

타락하기 이전의 루시퍼는 하나님께 큰 사랑을 받았지만, 하나님을 대적한 결과 이렇게 영원한 저주 속에 갇히고 맙니다. 하나님께서는 루시퍼가 타락한 즉시 징계하지 않았습니다. 루시퍼는 한낱 피조물에 지나지 않으므로 단번에 멸할 수도 있지만 그렇게 하시지 않은 이유가 있습니다.

인간 경작의 과정에 어둠의 주관자 루시퍼가 있음으로 우리가 하나님이 원하시는 참 자녀로 나올 수 있기 때문입니다. 원수 마귀 사단이 우는 사자같이 삼킬 자를 찾는 가운데 우리는 더욱 깨어 기도함으로 하나님을 닮은 빛의 자녀로 변화될 수 있는 것입니다. 하나님께서는 빛의 자녀들과 함께 가장 아름다운 빛의 공간인 새 예루살렘에서 영원히 함께 행복을 나누기 원하십니다. 이러한 빛의 공간에 들어갈 수 있는 자격은 과연 무엇일까요?

Chapter 2

빛의 공간의 입문 자격

빛과 어둠은 공존할 수 없습니다. 빛의 공간에 들어가려면 어둠의 문제를
해결해야 합니다. 빛 되신 하나님과 사귐을 갖고 그리스도 예수의 마음을
닮은 만큼 더욱 밝은 빛의 공간에 들어갈 수 있습니다.

빛의 자녀를 원하시는 하나님

영의 마음으로 선을 행해야

믿음으로 의로움의 열매를 맺어야

행함으로 진실함의 열매를 맺어야

빛의 열매를 맺는 만큼 더 밝은 빛의 공간으로

사람은 이 땅에서의 삶이 끝나면 빛의 공간과 어둠의 공간 중에 어느 한 곳으로 갈 수밖에 없는 존재입니다. 영혼은 소멸되지 않으므로 빛과 어둠, 곧 천국과 지옥이라는 갈림길에 설 수밖에 없는 것입니다.

이에 대해 히브리서 9장 27절에는 "한 번 죽는 것은 사람에게 정하신 것이요 그 후에는 심판이 있으리니" 말씀합니다. 또 요한복음 5장 29절에는 "선한 일을 행한 자는 생명의 부활로, 악한 일을 행한 자는 심판의 부활로 나오리라" 하셨지요. 이처럼 이 땅의 삶이 전부가 아니요, 영원한 내세가 있어서 육의 생명이 끊어지면 반드시 천국 아니면 지옥 중 한 곳으로 가게 됩니다.

사랑의 하나님께서는 모든 사람이 구원받아 빛의 공간에서 행복을 누리기 원하십니다. 베드로전서 2장 9절에 "오직 너희는 택하신 족속이요 왕 같은 제사장들이요 거룩한 나라요 그의 소유된 백성이니 이는 너희를 어두운 데서 불러내어 그의 기이한 빛에 들어가게 하신 자의 아름다운 덕을 선전하게 하려 하심이라" 했습니다. 과연

'나는 왕 같은 제사장으로서 하나님의 기이한 빛에 들어갈 수 있는가?' 점검해 보시기 바랍니다.

빛의 자녀를 원하시는 하나님

사도 바울은 하나님에 대하여 다음과 같이 소개하고 있습니다.

"오직 그에게만 죽지 아니함이 있고 가까이 가지 못할 빛에 거하시고 아무 사람도 보지 못하였고 또 볼 수 없는 자시니 그에게 존귀와 영원한 능력을 돌릴지어다"(딤전 6:16)

하나님께서는 빛 가운데 거하시므로 영원하고 온전한 분이라는 뜻입니다. 요한일서 1장 5절에는 "하나님은 빛이시라 그에게는 어두움이 조금도 없으시니라" 하셨고 야고보서 1장 17절에도 "그는 변함도 없으시고 회전하는 그림자도 없으시니라" 말씀합니다. 하나님은 빛 자체이시며 회전하는 그림자도 없는 완전한 분임을 알 수 있습니다. 그래서 우리도 하나님을 닮은 빛의 사람이 되어야 할 것을 성경 곳곳에 말씀합니다.

"너희는 다 빛의 아들이요 낮의 아들이라"(살전 5:5)

"너희는 세상의 빛이라 … 이같이 너희 빛을 사람 앞에 비취게 하여 저희로 너희 착한 행실을 보고 하늘에 계신 너희 아버지께 영광을 돌리게 하라"(마 5:14~16)

"너희가 전에는 어두움이더니 이제는 주 안에서 빛이라 빛의 자녀들처럼 행하라 빛의 열매는 모든 착함과 의로움과 진실함에 있느니라"(엡 5:8~9)

빛과 어둠은 공존할 수 없습니다. 우리가 빛의 공간인 천국에 들어가려면 어둠의 문제를 해결해야 합니다.

그러면 빛의 자녀가 되기 위해 벗어 버려야 할 어둠이란 무엇일까요? 어둠은 한마디로 죄에 속한 모든 것을 말합니다. 즉 육체의 일과 육신의 일이 있는데 이에 대해서는 상권에서 자세히 설명했습니다.

육체의 일이란 쉽게 말해 행함으로 나타난 죄를 말하며, 육신의 일은 마음과 생각으로 짓는 모든 죄를 뜻합니다. 예를 들어, 로마서 1장에 나오는 모든 불의, 추악, 탐욕, 악의, 시기 등이 육신의 일입니다. 또 갈라디아서 5장에 나오는 음행과 더러운 것, 호색, 우상 숭배, 술수, 원수를 맺는 것, 분리함, 이단, 투기, 술 취함, 방탕함 등이 육체의 일입니다. 이러한 것들은 바로 어둠의 주관자인 루시퍼로부터 왔습니다.

그런데 자신은 어둠이라고 느끼지 못하지만 하나님 보시기에는 악에 해당하는 것이 있습니다. 빛 앞에서는 어둠이 존재할 수 없듯이 진리의 빛으로 비추면 어둠에 속한 죄악이 드러납니다. 스스로는 어둠임을 깨닫지 못한 것도 빛이신 하나님 말씀에 비추어보면 깨달을 수 있지요.

예를 들이, 예수님께서 때가 되면 예루살렘에 올라가 죽게 될 것을 말씀하시자, 베드로는 스승을 사랑하는 마음에서 만류합니다. 그러자 예수님은 "사단아 내 뒤로 물러가라" 하며 베드로를 꾸짖으십니다(마 16:21~23). 베드로는 만류하는 것이 도리라고 생각했지만 하나님 편에서 보실 때는 어둠입니다. 예수님께서 십자가에 못 박혀 구원의 섭리를 이루는 것이 하나님의 뜻이기 때문입니다. 바로 이러한 책망이 있었기에 베드로는 교만치 않고 예수님의 수제자로서 훗날 성령 받은 후 변화되어 죽은 자를 살리고 하루에도 수천 명을 회개시키는 큰 권능의 사도가 될 수 있었습니다.

이처럼 누구든지 빛의 공간에 들어가려면 원수 마귀 사단이 주관하는 어둠의 세계에서 나와 하나님이 원하시는 빛의 자녀들처럼 행해야 합니다. 구체적으로 어떻게 행해야 할까요?

믿음으로 하나님의 의에 이르러야

우리가 빛이신 하나님의 공간에 들어가려면 무엇보다 먼저 하나님을 믿지 않은 죄를 회개하고 예수 그리스도를 영접해야 합니다. 누구든지 예수 그리스도를 믿음으로 죄 사함을 받아야 빛의 공간에 들어갈 수 있는 자격이 주어지기 때문입니다. 로마서 3장 22절에 "곧 예수 그리스도를 믿음으로 말미암아 모든 믿는 자에게 미치는 하나님의 의니 차별이 없느니라" 했습니다.

또한 요한복음 14장 6절에 "예수께서 가라사대 내가 곧 길이요 진리요 생명이니 나로 말미암지 않고는 아버지께로 올 자가 없느니라" 했고, 로마서 10장 9절에 "네가 만일 네 입으로 예수를 주로 시인하며 또 하나님께서 그를 죽은 자 가운데서 살리신 것을 네 마음에 믿으면 구원을 얻으리니" 했습니다.

예수님이 구세주이심을 입으로 시인하고 부활하신 것을 마음에 믿는다는 것은 십자가의 섭리와 보혈의 능력을 믿는 것입니다. 곧 죄로 인해 지옥에서 세세토록 형벌 받아야 하는 자신을 구원하기 위해 예수님이 대신 십자가에 달려 죽으셨고, 모든 죄를 대속하기 위해 보혈을 흘려 주셨다는 사실을 믿는 것이지요.

이를 진정 믿는다면 죄를 낱낱이 회개하고 자신을 위해 고난당하신 주님의 사랑에 감사하여 이제는 빛 가운데 살겠노라는 기도가 나옵니다. 그런 사람에게 하나님께서 주님의 보혈로 모든 죄를 씻어 주시고 성령을 선물로 주십니다. 하나님의 자녀로 인정하시고 이름을 생명책에 기록해 주시지요(계 20:15, 21:27). 이처럼 예수 그리스도를 영접하여, 그동안 하나님 말씀대로 살지 못한 것을 인정하고 돌이켜 빛 가운데 행할 때 장차 빛의 공간인 천국에서 영원한 삶을 누릴 수 있습니다.

빛 되신 하나님과 사귐을 가져야

요한일서 1장 6~7절에 "만일 우리가 하나님과 사귐이 있다 하고 어두운 가운데 행하면 거짓말을 하고 진리를 행치 아니함이거니와 저가 빛 가운데 계신 것같이 우리도 빛 가운데 행하면 우리가 서로 사귐이 있고 그 아들 예수의 피가 우리를 모든 죄에서 깨끗하게 하실 것이요" 했습니다. 예수 그리스도를 영접하여 성령을 선물로 받았다면 진리인 하나님 말씀을 듣고 배우며 행해야 빛 되신 하나님과 사귐이 있는 것입니다.

"우리가 그의 계명을 지키면 이로써 우리가 저를 아는 줄로 알 것

이요"(요일 2:3)

"그의 계명은 이것이니 곧 그 아들 예수 그리스도의 이름을 믿고 그가 우리에게 주신 계명대로 서로 사랑할 것이니라"(요일 3:23)

하나님께서 '하지 말라, 버리라' 명하신 말씀에 순종하여 행함으로 짓는 죄는 물론, 마음에 있는 악까지 버려야 하는 것입니다. 그리고 기뻐하라, 감사하라, 사랑하라, 낮아지라, 섬기라, 계명을 지키라 등 하나님께서 '하라, 지키라' 명하신 진리의 말씀을 부지런히 행해야 합니다. 그럴 때 하나님의 은혜와 능력, 성령의 도우심으로 주님의 마음을 닮아갈 수 있습니다.

우리가 빛 되신 하나님과 사귐을 갖고 얼마나 성결을 이루느냐에 따라, 영적으로 선한 사람이 되어 얼마나 빛을 발하느냐에 따라 천국에서 거하는 처소가 달라집니다. 따라서 구원받아 빛의 공간에 입문할 자격을 얻었다 해도 새 예루살렘 성이라는 최고의 목표점에 이를 때까지 끊임없이 침노해야 할 필요가 있습니다.

고린도전서 13장에 나오는 영적인 사랑, 갈라디아서 5장에 나오는 성령의 아홉 가지 열매, 마태복음 5장에 나오는 팔복, 에베소서 5장에 나오는 빛의 열매는 우리가 얼마나 빛의 자녀가 되었는지 점검하는 척도가 됩니다. 그러면 빛의 열매를 중심으로 더욱 밝은 빛의 공간에 들어갈 수 있는 자격에 대해 살펴보겠습니다.

영의 마음으로 선을 행해야

에베소서 5장 9절에 "빛의 열매는 모든 착함과 의로움과 진실함에 있느니라" 했습니다. 우선 착함이란 선하고 악의가 없는 아름다운 마음입니다. 불우한 이웃에게 선을 베풀고 해를 끼치지 않을 뿐 아니라 부모의 은혜를 알고 순종하듯이 창조주 하나님을 알고 그 말씀에 순종하며 맡겨진 일에 최선을 다하는 것입니다.

세상에서는 상대의 악에 악으로 대응하지 않고 참는 사람을 착하다고 합니다. 그러나 정작 그 마음 속에 미움이나 불편함을 가진 채 꾹꾹 눌러 참고 있다면 과연 선하다 할 수 있을까요? 사람이 인정하는 선과 하나님이 인정하시는 선은 차원이 다릅니다. 하나님이 인정하시는 선의 첫 단계는 악을 악으로 갚지 않을 뿐 아니라 불편한 감정 자체가 없는 마음입니다.

동정녀 마리아의 남편 요셉이 여기에 해당하지요. 마태복음 1장 19절에 "그 남편 요셉은 의로운 사람이라 저를 드러내지 아니하고 가만히 끊고자 하여" 했습니다. 자신과 동침하지 않았는데 약혼녀인 마리아가 잉태했음을 알았을 때 요셉은 얼마나 참담한 마음이었겠습니까? 보통 사람 같으면 배신감으로 심히 고통받거나 따지려 들지 않았겠습니까? 하지만 요셉은 악한 마음이 없었기에 상대의 입장을 생각하여 소문내지 않고 가만히 끊고자 했습니다.

선의 두 번째 난계는 상대가 악으로 나올 때 불편한 감정이 없는 것은 물론 선한 말과 행함으로 상대를 감동시키는 단계입니다. 이러한 차원에 이른 사람에게는 원수 마귀 사단이 역사하지 못합니다. 바로 다윗의 경우입니다.

아무 죄가 없었지만 오랜 세월 동안 사울 왕에게 쫓겨 다니던 다윗에게 오히려 사울을 죽일 수 있는 기회가 찾아왔습니다. 다윗은 나라를 위해 전쟁에 나가 용감하게 싸워 승리한 사람입니다. 그런데 사울은 감사는커녕 백성의 사랑을 받는 다윗을 시기하여 죽이려고 군대를 몰고 찾아다녔습니다. 한번은 사울이 굴을 찾아 들어갔는데 마침 다윗이 숨어 있던 곳이었습니다. 다윗은 얼마든지 그를 죽일 수 있었으나 사울의 옷자락만 가만히 잘랐습니다. 잠시 후 사울이 굴을 떠나 멀어졌을 때 외칩니다.

"나의 아버지여 보소서 내 손에 있는 왕의 옷자락을 보소서 내가 왕을 죽이지 아니하고 겉옷자락만 베었은즉 나의 손에 악이나 죄과가 없는 줄을 아실지니이다 왕은 내 생명을 찾아 해하려 하시나 나는 왕에게 범죄한 일이 없나이다"(삼상 24:11)

다윗은 자신을 미워하여 죽이려고 쫓아다닌 사울을 아버지라고 부르며 진심으로 자신을 낮추었습니다. 자신은 왕에 비하면 죽은 개나 벼룩 같고, 결코 왕을 해칠 마음이 없음을 전하며 그 마음을 달래고자 했습니다. 악한 사울이었지만 이렇게 구구절절 선한 말을 듣는 순간 감동을 받고 눈물 흘렸습니다. 사무엘상 24장 16~17절에 "내 아들 다윗아 이것이 네 목소리냐 하고 소리를 높여 울며 다윗에게 이르되 나는 너를 학대하되 너는 나를 선대하니 너는 나보다 의롭도다" 했습니다.

그는 감동한 나머지 군대를 철수하여 되돌아갑니다. 악을 악으로 갚지 않고 선으로 갚을 때에는 사단이 역사할 수 없기에 악한 사람이라도 감동을 받는 것입니다. 물론 사울은 악의 정도가 지나친 탓에 후에 다시 악이 발동했지만 그 상황에서는 다윗의 선에 어둠이 물러갔기에 돌이키는 역사가 일어난 것이지요.

이처럼 상대에게 감동을 주는 선보다 더 높은 차원의 선, 최고의 선이 있습니다. 원수도 사랑하며, 악을 행하는 사람을 위해 생명까지도 줄 수 있는 선입니다. 죄인을 구원하기 위해 아들을 이 땅에 보내 주신 하나님의 선, 또한 흠도 점도 없는 거룩하신 하나님의 독생자로서 인류를 위해 생명을 내어 주신 예수 그리스도의 선이지요.

모세와 사도 바울을 통해서도 이러한 선의 차원을 느낄 수 있습니다. 하나님께서 범죄한 이스라엘 백성을 멸하려 할 때에 모세는 차라리 생명책에서 자신의 이름이 지워질지언정 백성이 구원받기를 기도했습니다(출 32:32). 또 사도 바울은 "나의 형제 곧 골육의 친척을 위하여 내 자신이 저주를 받아 그리스도에게서 끊어질지라도 원하는 바로라"(롬 9:3) 고백했지요.

스데반 집사는 복음을 전하다가 돌에 맞아 순교하였습니다. 아무 잘못 없이 돌에 맞아 죽어 가면서도 한마디 원망도 없었습니다. 오히려 무릎을 꿇고 큰 소리로 "주여 이 죄를 저들에게 돌리지 마옵소서"(행 7:60) 하고 기도하였습니다. 이처럼 악한 사람을 위해서도 생명을 줄 수 있는 것이 최고의 선이며 온전한 사랑입니다.

오늘날은 착하게만 살면 손해 보거나 바보 취급을 당한다고 생각하기도 합니다. 하지만 하나님은 선 자체이시니 우리가 선을 좇을 때는 불꽃 같은 눈동자로, 천군 천사와 성령의 불담으로 지켜 주십니다. 그러니 시험 환난이 물러가고 시험이 와도 선으로 통과하기에 오히려 축복을 받으며 그 길이 형통합니다.

물론 선을 좇기 위해서는 자신을 희생하고 수고해야 하는 경우가 있습니다. 그러나 선한 사람은 그것을 힘들다고 여기지 않습니다. 선을 행하는 것 자체가 기쁘고 즐겁기 때문입니다. 영적으로는 죄가 없는 것이 힘이기 때문에 악을 버리고 선을 이룬 만큼 영적인 빛도 강해집니다. 하나님이 인정하시는 선의 단계에 들어가면 영적인 빛으로 인해 악한 자가 만지지도 못할 뿐만 아니라 오히려 원수 마귀 사단의 궤계를 깨뜨릴 수 있습니다(요일 5:18).

믿음으로 의로움의 열매를 맺어야

빛의 열매 중 두 번째는 의로움입니다. 일반적으로 의로움이란, 자기의 유익을 구하지 않고 옳은 것을 위해 생명을 다하는 것을 말합니다. 그런데 진리 안에서 의로움은 죄를 버리고 성경에 기록된 계명을 온전히 지켜 나가면서 하나님의 뜻을 좇아 그 나라와 의를 구하는 것을 의미하지요. 의로움이 승했던 대표적인 인물로는 다니엘을 꼽을 수 있습니다.

다니엘은 유다 지파에 속한 왕족 출신입니다. 그는 주전 605년, 남왕국 유다가 바벨론 왕 느부갓네살로부터 제1차 침입을 받았을 때 바벨론에 포로로 잡혀갔습니다. 바벨론 제국이 융화정책으로 포로 중 유능한 인재를 등용할 때 그는 자신의 세 친구와 함께 발탁되어 오랫동안 바벨론의 고위 관직자로 있었습니다. 포로임에도 불구하고 높은 관직에 오를 뿐 아니라 하나님의 뜻을 이루는 선지자로 인정받을 수 있었던 이유는 그가 하나님을 온전히 의지하고 믿음을 지켰기 때문입니다.

그가 처음 바벨론 왕에게 나아갈 때에는 아직 소년이었는데, 3년 동안 왕이 지정해 준 진미와 포도주를 먹으며 교육받아야 했습니다. 그러나 다니엘은 왕의 진미에 하나님께서 금하신 것이 있을까 염려하여 먹기를 원치 않았습니다. 포로로서 이것저것 가릴 수 있는 처지가 아니었지만 하나님을 경외하니 하나님께서 싫어하시는 것은 자신도 철저히 싫어하는 마음이었던 것입니다.

그는 세 친구와 더불어 하나님께 대한 믿음을 지키고 자신을 더럽히지 않기 위해 감독하는 사람에게 왕의 진미 대신 채식을 할 수 있도록 청하였습니다. 먼저 시험적으로 열흘 동안 채식과 물만 먹게 해 줄 것을 제안했습니다. 열흘 후 왕의 진미를 먹은 여러 소년들과 비교해 보니 과연 다니엘과 그의 친구들 얼굴이 더욱 윤택하였지요.

하나님께서는 이들의 믿음을 보고 놀라운 축복을 주셨습니다. 다니엘 1장 17절을 보면 "모든 학문과 재주에 명철하게 하신 외에 다니엘은 또 모든 이상과 몽조를 깨달아 알더라" 했고, 20절에는 "왕이 그들에게 모든 일을 묻는 중에 그 지혜와 총명이 온 나라 박수와 술객보다 십 배나 나은 줄을 아니라" 했습니다.

바벨론 제국은 주전 539년, 느부갓네살의 아들인 벨사살 왕 때 메대와 바사에 의해 멸망당하고 새로운 나라가 형성됩니다. 바사 제국이라고도 하는 페르시아 제국이지요. 바사의 다리오 왕은 다니엘이 민첩하고 총리들과 방백들보다 뛰어나므로 그를 세워 전국을 다스리게 하고자 했습니다. 일개 포로로 잡혀 온 다니엘이 나라가 바뀌고 왕이 바뀌어도 여전히 최고의 사랑을 받자 총리들과 방백들은 시기심에 그를 고소할 틈을 찾습니다(단 6:4~5).

하지만 빌미를 찾지 못하자 왕에게 한 가지 금령을 제안합니다. 마치 왕을 위하는 것처럼 30일 동안 누구든지 왕 외에 어느 신에게나 사람에게 무엇을 구하면 사자 굴에 던져 넣자고 한 것입니다. 다니엘이 날마다 세 차례씩, 예루살렘을 향하여 창문을 열고 기도하는 것을 알고 함정을 만든 것이지요.

다니엘은 이러한 사실을 알고도 여전히 하루에 세 번씩 무릎을 꿇고 기도했습니다(단 6:10). 명예나 권세를 지키기 위해, 죽음을 피하기 위해 얼마든지 타협할 수도 있었지만 그는 오직 하나님만을 의지했습니다. 결국 금령을 어겼다는 죄목으로 사자 굴에 던져졌지만 왕에게 조금도 서운한 감정을 품지 않았습니다. 오히려 "왕이여 원컨대 왕은 만세수를 하옵소서."라며 축복합니다. 아무리 힘든 상황이라도 의를 행했던 것입니다.

이렇게 하나님과 사람 앞에 흠 잡힐 만한 것이 없었기에 원수 마귀 사단이 궤계를 써서 죽이려 해도 죽일 수 없었습니다. 하나님이 천사를 보내 지켜 주시니 사자 굴에서 살아나와 하나님께 영광을 돌렸습니다. 죽음 앞에서도 타협하지 않으며 오직 믿음을 지키는 것, 상대가 어떻게 대하든지 항상 진리 안에서 선을 좇는 마음이 바로 하나님께서 원하시는 의로움입니다.

행함으로 진실함의 열매를 맺어야

빛의 열매 중 세 번째는 진실함입니다. 진실함이란 변함이 없을 뿐 아니라 간사함이나 거짓이 없이 깨끗하고 정직하며 순전한 것을 말합니다. 열심히 선을 행하고 믿음으로 고백한다 해도 그것이 사람의 눈을 의식하여 행한 것이라면 하나님 앞에서 빛의 열매로 인정받지 못합니다. 다시 말하면 하나님께서 우리에게 원하시는 것은 중심에서 우러나오는 참된 고백과 행함이며, 변함없는 진실입니다.

창세기 22장을 보면 백 세에 얻은 독자 이삭을 번제로 바치라는 하나님 말씀에 아브라함이 어떻게 순종했는지 잘 알 수 있습니다. 그는 아침 일찍 이삭을 데리고 하나님께서 지시하시는 땅으로 갔습니다. 조금의 주저함도 없었습니다. 생각을 동원하여 갈등하는 모습도 없었지요. 아브라함이 이삭을 번제로 드리려는 순간 하나님의 사자가 나타나 아이에게 손을 대지 말라며 "내가 이제야 네가 하나님을 경외하는 줄을 아노라"(창 22:12) 하셨습니다.

히브리서 11장 19절을 보면 "저가 하나님이 능히 죽은 자 가운데서 다시 살리실 줄로 생각한지라" 기록되어 있습니다. 아브라함은 나이 많아 경수가 끊어진 아내 사라를 통해서도 하나님의 능력으로 아들을 얻었으니 그 아들이 죽더라도 하나님께서 능히 살리실 줄

믿었던 것입니다. 이를 통해 하나님과 아브라함 사이에 누구도 떼어 놓을 수 없는 돈독한 신뢰관계를 볼 수 있습니다.

아브라함의 중심이 얼마나 진실했는지는 이 외에 많은 사건을 통해 알 수 있습니다. 조카 롯과 함께 벧엘에 이르렀을 때 그의 가축과 롯의 가축이 많아 목자들이 다투는 일이 생겼습니다. 이때에 아브라함은 "네 앞에 온 땅이 있지 아니하냐 나를 떠나라 네가 좌하면 나는 우하고 네가 우하면 나는 좌하리라" 하며 롯에게 양보합니다(창 13:9).

그리고 자신의 유익을 좇아 물이 넉넉한 요단 들로 떠난 롯이 소돔 땅에 이르렀을 때의 일입니다. 소돔 성이 침략을 받아 롯을 비롯한 많은 사람이 포로로 잡혀갔다는 소식을 듣자, 아브라함은 수하의 사람들을 이끌고 추격하여 롯과 성읍 사람들을 구했습니다. 그는 이때 소돔 왕이 보답으로 주겠다는 재물도 거절했습니다(창 14:15~23).

소돔과 고모라가 하늘에서 쏟아진 불과 유황에 의해 멸망당할 때 롯과 그의 두 딸이 구원받은 것도 바로 아브라함의 간구 덕분이었습니다(창 18장). 또 그는 아내 사라의 묘지를 구할 때 땅과 굴을 거저 주겠다는 헷 족속의 선대에도 불구하고 굳이 정가를 주고 살 만큼 정직하였습니다(창 23:16). 후처를 통해 얻은 서자들에게 생전에 기업을 나누어 주어 자녀들 간에 시시비비를 없게 한 일도 그의 진실함을 말해 주지요.

야고보서 2장 23~24절을 보면 "이에 경에 이른바 아브라함이 하나님을 믿으니 이것을 의로 여기셨다는 말씀이 응하였고 그는 하나님의 벗이라 칭함을 받았나니 이로 보건대 사람이 행함으로 의롭다 하심을 받고 믿음으로만 아니니라" 하였습니다. 하나님께서는 진실 자체이기 때문에 아브라함의 행함 있는 믿음을 기뻐하고 축복하셨습니다. 그리하여 하나님의 벗으로서 가장 밝은 빛의 공간, 즉 하나님의 보좌 가까이 거하게 된 것입니다.

빛의 열매를 맺는 만큼 더 밝은 빛의 공간으로

착한 행실이 빛의 열매로 나타나려면 그 안에 의로움, 즉 하나님의 의가 있어야 합니다. 그러나 착함과 의로움만 있다고 해서 온전한 것은 아닙니다. 그 안에 진실함이 없다면 소용이 없습니다. 반드시 모든 착함과 의로움과 진실함이 겸비되어야 빛의 열매를 맺을 수 있습니다.

그런데 빛의 열매를 온전히 맺기 위해서는 책망을 통해 어둠에서 나와 빛으로 들어가는 과정이 필요합니다. 에베소서 5장 11~13절에 "너희는 열매 없는 어두움의 일에 참예하지 말고 도리어 책망하라 저희의 은밀히 행하는 것들은 말하기도 부끄러움이라 그러나 책망을 받는 모든 것이 빛으로 나타나나니 나타나지는 것마다 빛이니라" 말씀한 대로입니다.

여기서 책망은 단순히 잘못한 것을 꾸짖는 것만이 아니라 빛으로 나오기 위한 책망을 의미합니다. 간혹 저는 성도들이 말씀대로 살지 못하여 죄를 짓고 어려움을 겪으면 위로하기보다는 먼저 왜 시험

환난이 왔는지 그 이유를 깨우쳐 줍니다. 진리 가운데 살지 못한 것을 책망하지요. 설령 누가 책망하고 지적하지 않는다 해도 스스로 하나님 말씀에 비추어 어긋났을 때는 자신을 책망하는 것이 중요합니다.

하나님께서 우리 죄와 어둠을 낱낱이 드러내 지적하시는 것은 우리를 사랑하시기 때문입니다. 사랑의 하나님께서는 그의 자녀들이 하나님의 온전하신 빛 가운데 행하여 이 땅에서도 축복받을 뿐 아니라 영원한 천국에서도 더욱 밝은 빛의 공간에 거하기를 원하십니다. 그러기 위해서는 어둠에 속한 모든 것을 버리고 빛이신 하나님을 닮아 거룩함과 온전함을 이루어야 합니다(마 5:48 ; 벧전 1:16).

다메섹 도상에서 주님을 만난 후 철저히 자신을 그리스도께 복종시키며 땅끝까지 복음을 전한 사도 바울은 "형제들아 내가 그리스도 예수 우리 주 안에서 가진 바 너희에게 대한 나의 자랑을 두고 단언하노니 나는 날마다 죽노라"(고전 15:31) 고백하였습니다.

우리도 하나님과 원수된 육신의 생각을 철저히 버리며 주 안에서 날마다 죽는 자가 되어 '어찌하면 하나님의 나라와 의를 이룰까, 어찌하면 마음의 온전한 성결을 이룰까, 어찌하면 많은 영혼을 천국으로 인도할까' 하는 영의 생각만 한다면 참된 평안을 누리며 빛의 열매를 풍성히 맺을 수 있습니다.

빛의 열매란 모든 착함과 의로움과 진실함뿐만 아니라 영적인 사랑, 팔복, 성령의 열매 등 빛 되신 하나님과 사귐을 갖고 그리스도 예수의 마음을 닮음으로 나타나는 모든 열매를 말합니다. 그중 어느 열매는 풍성한데 다른 열매는 좀 부족한 것이 아니라 모든 열매가 골고루 크고 탐스럽게 맺혔을 때 하나님 보좌가 있는 새 예루살렘 성에 들어갈 수 있습니다. 부지런히 하나님 말씀대로 행하여 가장 밝은 빛의 공간에 들어갈 수 있는 자격을 갖추시기 바랍니다.

2

영의 공간 속의 영혼육

Spirit, Soul and Body in the Spiritual Space

천국 처소의 분류 기준은 무엇인가?
영의 공간 속에서 누리는 영화는?

"보라 내가 너희에게 비밀을 말하노니
우리가 다 잠잘 것이 아니요
마지막 나팔에 순식간에 홀연히 다 변화하리니
나팔소리가 나매 죽은 자들이 썩지 아니할 것으로 다시 살고
우리도 변화하리라
이 썩을 것이 불가불 썩지 아니할 것을 입겠고
이 죽을 것이 죽지 아니함을 입으리로다"
(고전 15:51~53)

분류된 처소

우리가 얼마나 하나님의 마음을 닮았으며, 그분의 뜻대로 살았느냐에 따라 들어갈 수 있는 천국 처소가 다릅니다. 천국은 각각 처소가 구분되어 있어 좋은 천국으로 갈수록 더 큰 영화와 행복을 누립니다.

사람은 눈으로 보아 확인이 되어야 인정하려는 경향이 있습니다. 하지만 바람이나 꽃향기 등은 형체를 볼 수 없지만 분명 존재하듯이 사람이 눈으로 식별할 수 있는 것만 존재하는 것은 아닙니다. 우리가 살아가는 육의 세계, 곧 눈에 보이는 세계 외에 더 높은 차원인 영의 세계가 있습니다. 영의 세계가 보이지 않는다 해서 부인하는 것은 옳지 않습니다.

천국은 드넓은 영의 공간 중 셋째 하늘에 있으며, 무한한 빛의 공간으로, 낙원부터 새 예루살렘에 이르기까지 몇 개의 처소로 구분되어 있습니다. 사람이 얼마큼 믿음 안에서 성결을 이루어 하나님의 뜻대로 살았느냐에 따라 천국 처소가 달라집니다. 이 땅의 삶은 잠시 스쳐 지나가는 나그네와 같지만, 인생 여정 가운데 우리가 얼마나 하나님께서 원하시는 사람이 되느냐에 따라 하늘에 속한 자로서 영광이 달라지는 것입니다.

"하늘에 속한 형체도 있고 땅에 속한 형체도 있으나 하늘에 속한 자의 영광이 따로 있고 땅에 속한 자의 영광이 따로 있으니 해의

영광도 다르며 달의 영광도 다르며 별의 영광도 다른데 별과 별의 영광이 다르도다"(고전 15:40~41)

하늘에 속한 자의 영광

하나님의 근본 속성은 거룩함입니다. 성경에는 '거룩하다' 라는 말이 많이 나옵니다. 하나님의 형상을 좇아 지음받은 사람도 하나님의 거룩하심을 본받기 원하시기 때문입니다. 레위기 20장 26절에 "너희는 내게 거룩할지어다 이는 나 여호와가 거룩하고 내가 또 너희로 나의 소유를 삼으려고 너희를 만민 중에서 구별하였음이니라" 하셨고, 베드로전서 1장 16절에는 "내가 거룩하니 너희도 거룩할지어다" 하셨습니다.

그러므로 거룩하신 하나님의 뜻대로 살아가는 사람은 '하늘에 속한 자' 요, 천국에 들어가 '하늘에 속한 자의 영광' 을 누리게 됩니다. 반면 하나님의 뜻과 반대로 죄악 가운데 사는 사람은 '땅에 속한 자' 로서 지옥에 가게 됩니다.

예수 그리스도를 영접하지 않고 하나님을 믿지 않는 사람만이 '땅에 속한 자' 가 아닙니다. 마태복음 7장 21절에 예수님께서 "나더러 주여 주여 하는 자마다 천국에 다 들어갈 것이 아니요 다만 하늘에 계신 내 아버지의 뜻대로 행하는 자라야 들어가리라" 말씀했습니다. '주여 주여' 하면서 주님을 믿는다 해도 하나님의 뜻대로 행하지 않는다면 '땅에 속한 자' 입니다.

우리가 '하늘에 속한 자' 로서 천국에 들어가 '해의 영광' 을 누리려면 어떻게 해야 할까요? 이 땅에서 신앙생활 하는 동안 성령으로 충만하여 죄를 피 흘리기까지 싸워 버리고(히 12:4) 악은 모양이라도 버림으로(살전 5:22) 성결을 이루어야 합니다. 해와 달이 내는 빛과 밤하늘의 무수한 별이 내는 빛이 다르듯이 얼마나 성결을 이루었느냐에 따라 하늘에 속한 자의 영광이 달라지기 때문입니다.

이사야 60장 1절에 "일어나라 빛을 발하라 이는 네 빛이 이르렀고 여호와의 영광이 네 위에 임하였음이니라" 했습니다. 세상의 빛으로 오신 예수 그리스도를 영접하여 하나님 말씀대로 행하는 만큼 영적인 빛을 발하게 됩니다. 하늘에 속한 자로서 정오의 해와 같이 밝은 빛을 발해야 어둠의 권세를 물리치고 많은 영혼을 구원의 길로 인도하며 하나님께 영광을 돌릴 수 있습니다.

거할 곳이 많은 천국

예수님께서는 죽음을 앞두고 제자들과 함께 마가의 다락방에서 유월절 만찬을 나누셨습니다. 최후의 만찬 자리에서 제자들에게 마지막으로 당부의 말씀을 하며 다시 한 번 천국의 실재와 소망을 환기시키십니다.

"내 아버지 집에 거할 곳이 많도다 그렇지 않으면 너희에게 일렀으리라 내가 너희를 위하여 처소를 예비하러 가노니 가서 너희를 위하여 처소를 예비하면 내가 다시 와서 너희를 내게로 영접하여 나 있는 곳에 너희도 있게 하리라"(요 14:2~3)

예수님은 하나님의 섭리 안에서 십자가에 못 박혀 죽으신 지 3일

만에 부활하시고 그 후 많은 사람이 보는 가운데 승천하셨습니다. 하나님의 자녀들이 영원히 거할 천국의 처소를 예비하러 가신 것입니다. '내 아버지 집에 거할 곳이 많다'는 말씀에는 많은 사람이 구원에 이르기를 원하시는 주님의 마음이 담겨 있습니다(딤전 2:4).

천국은 삼위일체 하나님께서 지구를 창조하기 전에 이미 창조하신 영의 공간으로서 깊이, 넓이, 밀도, 부피 등을 사람의 마음으로 측량할 수 없는 무한한 공간입니다. 하나님의 보좌는 물론, 무수한 영적 존재들과 하나님의 자녀들이 영원히 거할 집이 있으며 천국의 중앙에는 가장 영화로운 처소인 새 예루살렘 성이 있습니다.

하나님 보좌에서 흘러나오는 영적인 빛과 생명수 강은 구원받은 하나님의 자녀들에게 더 큰 영화와 행복을 느끼게 합니다. 하나님께서는 각 사람이 이 땅에서 어떠한 믿음을 소유했고 어떻게 하나님 나라를 위해 영광 돌리며 열매 맺었느냐에 따라 합당한 처소와 상급으로 갚아 주십니다.

새 예루살렘 성은 셋째 하늘의 가장 높은 정점에 위치하며 그 아래에 3천층, 2천층, 1천층, 낙원 순으로 있습니다. 그렇다고 해서 이 땅의 건물처럼 층층이 있는 것은 아닙니다. 천국의 모든 처소는 서로 수평을 이루면서도 각각 높이가 다른 수직적인 구조라고 이해하면 됩니다.

천국은 침노를 당하나니

마태복음 11장 12절에 "천국은 침노를 당하나니 침노하는 자는 빼앗느니라" 했습니다. 천국은 아름다운 곳이요 평화로운 곳인데 왜 침노하여 빼앗는다고 한 것일까요?

천국에 대한 소망이 큰 사람일수록 열심히 신앙생활을 하며 새 예루살렘 성에 들어가기 위해 힘쓰는데 이를 가리켜 침노하여 빼앗는다고 말씀한 것입니다.

그러면 누구와 싸워 빼앗는다는 것일까요? 사람이 죄를 짓도록 충동하는 원수 마귀 사단과의 싸움입니다. 천국에 들어가기 위해서는 빛과 반대인 어둠과 싸워 이겨야 합니다. 원수 마귀 사단은 하나님을 믿는 사람일지라도 어찌하든 넘어뜨리려고 마음 안의 죄성을 요동시켜 죄를 짓게 만듭니다. 그럴 때 천국을 소망하는 사람이라면 진리의 말씀으로 물리칠 수 있어야 합니다.

하나님 말씀과 기도로 하나님의 거룩한 자녀가 되는 만큼(딤전 4:5) 새 예루살렘 성을 침노할 수 있습니다. 고린도후서 12장 1절 이하를 보면 사도 바울은 셋째 하늘에 있는 낙원에 가서 놀라운 천국의 비밀을 알게 됩니다. 그 후 선한 싸움을 싸우며 믿음을 지키기 위해 순교의 자리에까지 이르렀습니다. 하나님께서 예비하신 의의 면류관을 바라보며 믿음으로 천국을 침노하여 새 예루살렘 성을 빼앗은 것입니다(딤후 4:7~8).

"우리가 즐거워하고 크게 기뻐하여 그에게 영광을 돌리세 어린 양의 혼인 기약이 이르렀고 그 아내가 예비하였으니 그에게 허락하사 빛나고 깨끗한 세마포를 입게 하셨은즉 이 세마포는 성도들의 옳

은 행실이로다 하더라"(계 19:7~8)

"그 두루마기를 빠는 자들은 복이 있으니 이는 저희가 생명 나무에 나아가며 문들을 통하여 성에 들어갈 권세를 얻으려 함이로다"(계 22:14)

여기서 두루마기란 사람의 마음과 행실을 의미합니다. 우리 마음과 행실을 깨끗하게 만들 때 문들을 통하여 거룩한 성에 들어갈 수 있습니다. '문들'이라는 복수를 사용했으니 여러 개의 문이 있음을 의미합니다. 우리가 새 예루살렘 성에 가려면 우선 구원의 문을 열고 낙원에 들어갈 자격을 얻어야 합니다. 그다음에 1천층, 2천층, 3천층을 통과해야 하지요. 마지막으로 새 예루살렘 성의 진주문을 통과해야 합니다.

그래서 '문들'이라 표현한 것이며 구원받았다 해서 모든 사람이 천국에서 같은 영광을 얻는 것이 아님을 알 수 있습니다. 우리가 이러한 천국에 대해 알고 더 좋은 천국을 침노할 수 있는 시간이 있다는 것이 얼마나 감사한 일인지요.

천국의 처소를 구분한 이유

예수 그리스도를 영접하여 구원은 받았지만 마음의 할례를 하지 않고 그만큼 악을 버리지 못한 사람은 영적인 빛이 아주 희미합니다. 반면 악은 모양이라도 버리고 성결된 사람은 영적인 빛이 아주 강합니다. 이렇듯 구원받은 성도라도 각 사람마다 영적인 빛의 밝기가 다르며 하나님 말씀대로 행하여 죄를 벗어 버린 만큼 아름답고 환한 빛이 나옵니다. 온전히 성결된 사람은 그 빛이 밝아 그렇지 못한 사람은 감히 똑바로 쳐다볼 수 없을 정도입니다.

상식적으로 생각해 보아도 영적인 빛의 강도가 약한 사람과 강한 사람이 함께 어울려 살기는 어렵습니다. 이 땅에서도 어린이는 어린이끼리, 청년은 청년끼리, 장년은 장년끼리 어울리는 것이 더 좋고 편합니다. 어린이와 장년이 친구처럼 대화할 수 없는 것은 서로의 세계가 다르고 지적 능력이나 사고방식 등이 다르기 때문입니다.

이와 마찬가지로 영적인 빛의 강도가 비슷해야 같은 처소에 거할 수 있습니다. 영원한 천국에서 모든 사람이 같은 공간에 머문다면 어떨까요? 온전히 성결된 사람끼리는 마음이 통하기에 불편함이 없습니다. 하지만 그렇지 못한 사람이 성결된 사람과 함께한다면 서로 잘 통할 수가 없습니다. 이런 이유로 영적인 빛이 비슷한 사람끼리 거하도록 몇 개의 처소로 구분해 놓으신 것입니다.

요한계시록 21장 23절에 "그 성은 해나 달의 비췸이 쓸데없으니 이는 하나님의 영광이 비취고 어린 양이 그 등이 되심이라" 했습니다. 천국의 여러 처소 가운데 새 예루살렘 성이야말로 하나님이 계획하신 인간 경작의 결정체입니다. 하나님께서 참 자녀들과 함께 영원히 사랑을 주고받는 곳이기 때문입니다. 하지만 하나님은 온전히 진리로 이루지 못하여 새 예루살렘에 들어올 수 없는 사람에게도 3천층, 2천층, 1천층, 낙원 등 합당한 처소를 예비해 주셨습니다.

그러면 낙원부터 하나님 보좌가 있는 새 예루살렘 성에 이르기까지 처소별로 어떤 특징이 있는지, 각 처소에는 어떤 사람이 들어가는지 살펴보겠습니다.

겨우 구원받은 사람이 들어가는 낙원

하나님께서는 죄로 인해 사망의 길로 가는 우리를 위해 예수님을 이 땅에 보내셨습니다. 예수님은 십자가에 못 박혀 모든 죄를 대속해 주셨지요. 이러한 구원의 도를 믿고 예수 그리스도를 영접하면 하나님께서 성령을 선물로 주십니다. 성령을 받으면 아담의 죄로 죽은 영이 살아나 영이신 하나님을 아버지라 부를 수 있는 자격을 얻습니다. 하나님의 자녀가 되어 생명책에 이름이 기록되고 하늘나라 시민권이 주어집니다.

죽은 영이 살아났다 해도 하나님 말씀대로 행하여 죄를 버리지 못했다면 영이 성장하지 못합니다. 죄를 버리고 성결되는 만큼 영이 성장하는 것입니다. 영이 성장하여 하나님의 형상을 온전히 회복했을 때 가장 아름다운 새 예루살렘 성에 들어갈 수 있습니다. 하지만 영이 성장하지 않고 겨우 겨자씨만 한 믿음으로 간신히 구원받았다면 낙원에 갑니다. 믿음의 단계로 보면 1단계의 믿음이며 부끄러운 구원을 받은 것이지요.

낙원은 하나님의 사랑과 긍휼 가운데 마련된 처소입니다. 하나님의 자녀라 하기에는 부끄럽지만 지옥에 보내기에는 안타까운 이들을 위해 마련해 주신 곳입니다. 구원받은 사람 중에는 낙원에 간 사람이 가장 많으며 그곳은 첫째 하늘의 우주보다 넓습니다. 그들은 지옥에 가지 않고 천국에 들어간 것만으로도 깊이 감사하며 영원히 행복하게 살아갑니다.

비록 천국에서 가장 낮은 처소일지라도 낙원은 이 땅의 어떤 관광명소에 비할 수 없이 아름답습니다. 예쁜 꽃과 싱그러운 나무가 조화롭게 펼쳐진 드넓은 초원에는 각종 동물이 노니는데 한결같이 사랑스럽습니다.

이 땅에서 자라는 나무나 꽃은 시간이 흐르면 시들고 썩지만 낙원의 나무는 항상 잎사귀가 푸르고 꽃도 시드는 법이 없습니다. 사람이 다가가면 꽃들은 반갑게 맞이하듯 하늘거리기도 하고 꽃봉오리를 오므렸다 펴면서 독특하고도 그윽한 향을 발산합니다. 온갖 종류의 과일이 있는데 이 땅의 것보다 약간 크고 반짝반짝 윤기가 흐릅니다. 먼지나 벌레가 없어 바로 먹을 수 있지요.

잔디밭에 둘러앉아 과일을 먹으면서 행복하게 대화를 나누기도 합니다. 그들은 이 땅에 사는 동안 하나님 나라를 위해 행한 것이 없으므로 천국에서 받을 상급이 없지만 슬픔, 질병, 고통, 사망이 없으니 그 자체만으로도 행복해합니다. 이들 중에 극히 일부는 아주 드물게 새 예루살렘 행사에 초대받을 수도 있습니다.

물론 새 예루살렘과 낙원에 있는 사람의 빛이 매우 차이가 나기 때문에 초청을 받아도 대부분 민망하여 잘 가지 못합니다. 혹 방문한다 해도 일정한 순서와 기간에 따라야 합니다. 영화로운 새 예루살렘을 방문한 그 자체로 행복해하며, 낙원에 돌아온 뒤 보고 경험한 것을 다른 이들과 함께 나누는 것도 큰 기쁨입니다.

낙원이 천국에서 가장 낮은 처소라 해서 그 아름다움과 행복에 대해 과소평가해서는 안 됩니다. 부끄러운 구원을 받은 사람들이 가는 곳이지만, 이 땅의 어떤 곳과도 비교할 수 없이 아름답고 아담이 살던 에덴동산보다 좋은 곳이기 때문입니다.

썩지 아니할 면류관을 받는 1천층

1천층은 낙원보다 아름답고 행복한 곳입니다. 모든 환경이 낙원보다 훨씬 아름답게 단장되어 있지요. 이곳에는 예수 그리스도를 영접하여 죽은 영이 살아난 뒤, 하나님 말씀대로 행하려고 노력했지만 온전히 행하지 못한 사람들이 들어갑니다. 바로 믿음의 성장과정에서 2단계의 믿음을 소유한 사람들입니다.

1천층에서는 각 사람이 이 땅에서 행한 대로 상급과 주택을 받습니다. 1천층의 집은 이 땅의 다세대 주택이나 아파트와 같은 형태입니다. 황금 보석 등 천국의 재료로 주인의 기호에 맞게 꾸며졌습니다. 집에는 아름답게 장식한 엘리베이터가 있는데 하나님의 능력으로 운행되며 버튼을 누르지 않아도 원하는 곳에 자동으로 섭니다.

1천층에 들어온 사람에게는 썩지 아니할 면류관이 주어지는데(고전 9:25), 바로 '참가상'과 같은 개념입니다. 그들은 이 땅에 있을 때 하나님 말씀을 알되 행치 못한 것이 더 많았고, 죄를 버려야 하는 줄 알지만 버리지 못한 것이 더 많았습니다. 그러나 어찌하든 행하려고 노력한 자체를 하나님께서 믿음으로 보고 그에 상응하는 상급을 주시는 것입니다.

1천층에는 예쁜 정원이 많고 숲이 우거진 드넓은 공원, 놀이공원, 호수, 산책길, 수영장, 골프장, 테니스장 등 많은 편의 시설과 휴양 시설이 있습니다. 그런데 집과 면류관 외에는 모든 시설을 공동으로 이용합니다. 이 땅에서 아파트 내 조성된 공원이나 스포츠 시설 등을 공동으로 이용하는 것과 같습니다.

비록 개인을 수종드는 천사는 없지만 어디를 가든지 천사의 안내와 도움을 받을 수 있습니다. 이것이 낙원과 차이 나는 부분입니다. 예를 들어, 사람들이 벤치에서 대화하다가 과일을 먹고 싶으면 천사에게 따 달라고 할 수 있습니다. 그런데 낙원에서는 자신이 직접 따 먹어야 합니다. 이처럼 1천층과 낙원에 들어간 사람은 생활 수준에 차이가 납니다. 하지만 1천층에서 영원히 산다 해도 높은 처소의 사람들을 시기하는 일이 없습니다. 처소마다 그 안에서 최고의 만족을 느끼며 행복하게 살아갑니다.

영광의 면류관을 받는 2천층

2천층은 1천층에 비해 더 밝고 아름답습니다. 각종 보석으로 건축된 건물 빛깔도 더욱 화려하고 곱습니다. 동식물의 종류도 낙원이나 1천층보다 더 다양하고, 같은 종류라 해도 1천층보다 훨씬 아름답습니다. 동물의 경우, 체격이나 자태가 더 수려하고 털의 빛깔도 영롱하지요. 꽃의 향기와 색깔도 마찬가지입니다.

2천층에는 하나님 말씀대로 행하기는 하지만 성결을 이루지 못한, 믿음의 3단계에 해당하는 사람이 들어갑니다. 그들은 행함으로 짓는 죄는 모두 버렸지만 아직 마음과 생각으로 짓는 죄가 남아 있는 경우입니다.

이런 사람들에게 주어지는 2천층의 집은 독립된 단층 주택이며 문패가 있는 것이 특징입니다. 이 땅의 호화로운 대저택이나 멋진 별장과도 비할 수 없이 아름답고 웅장하지요. 집 외에도 공통적으로 주어지는 특별한 상급은 영광의 면류관입니다. 이들이 크든 작든 하나님께 영광 돌리는 삶을 살았기 때문에 이를 기념하여 주시는 것입니다(벧전 5:4).

2천층에 들어가는 사람은 이러한 면류관과 저택 외에도 자신이 가장 좋아하는 것 한 가지를 소유할 수 있습니다. 만일 수영장을 갖고 싶다면 각종 보석으로 만든 아름다운 수영장을, 호수를 원한다면 멋진 호수를, 무도회장을 원한다면 웅장한 무도회장을 가질 수 있습니다. 산책을 좋아한다면 기화요초가 만발하고 사랑스러운 동물들이 노니는 산책길을 소유할 수 있습니다.

저마다 기호와 취향에 따라 소유한 시설이 다르므로 서로의 집에 가서 구경도 하고 함께 이용합니다. 천국은 서로 섬기는 곳이므로 누가 찾아온다고 해서 귀찮아하거나 거절하는 일이 없습니다. 오히려 함께 나눌 수 있으니 행복해합니다. 방문하는 사람의 입장에서도 자기의 유익을 구하지 않으므로 실례되지 않는 범위에서 시설을 자유로이 이용합니다.

2천층의 사람들은 원하는 것을 한 가지만 가졌다 해서 안타까워 하거나 다른 사람의 것을 부러워하지 않습니다. 오히려 자신이 이 땅에서 행한 것에 비해 훨씬 큰 상급으로 갚아 주신 하나님께 감사 해합니다. 다만 안타까움이 있다면 이 땅에 있을 때에 더 노력해서 온전히 성결되지 못했다는 점입니다. 악을 온전히 버리지 못한 것에 대해 하나님 앞에 얼굴을 들지 못할 만큼 민망해하지요.

영의 사람이 들어가는 3천층

2천층과 3천층의 영광은 '하늘과 땅 차이'라 할 수 있습니다. 이는 성결을 이뤘느냐 못 이뤘느냐 하는 데서 오는 차이입니다. 3천 층의 사람은 믿음의 4단계로서 성결을 이뤘기에 기본적으로 원하는 모든 시설이 상급으로 주어집니다. 골프장, 수영장, 무도회장 등 원하는 것은 무엇이든지 갖춰져 있기에 굳이 이웃집에 있는 시설을 이용할 필요가 없습니다.

집은 거대한 규모의 복층 구조로 되어 있는데 이 땅의 억만장자라도 흉내 낼 수 없을 만큼 웅장하고 화려합니다. 드넓은 정원은 향기로운 꽃과 나무들로 화려하게 단장되어 있고, 찬란한 빛을 발하는 호수에는 각양각색의 물고기들이 노닙니다. 물론 새 예루살렘의 집에 비하면 규모와 아름다움, 영화로움 면에서 큰 차이가 납니다. 가령, 비율로 볼 때 새 예루살렘 성에 있는 가장 작은 집의 대지면적이 100이라면 3천층에 있는 가장 큰 집이라 해도 60정도입니다. 이것만 보더라도 하나님께서 새 예루살렘에 들어온 사람을 얼마나 기뻐하시는지 잘 알 수 있습니다.

3천층의 집은 주인이 하나님의 마음을 닮은 만큼 더욱 아름다운 향과 빛을 발합니다. 3천층과 새 예루살렘 집의 공통적인 특징은 문패가 없다는 점입니다. 집에서 주인의 마음을 대변하는 독특한 향과 빛이 나오기에 굳이 문패를 달지 않아도 누구의 집인지 쉽게 알 수 있기 때문입니다. 또한 천국 백성 전체 수에 비하면 새 예루살렘이나 3천층에 들어간 사람이 매우 적기 때문이기도 합니다.

집뿐 아니라 정금길이라 해도 2천층보다 빛이 더하고 가치가 뛰어납니다. 3천층에는 주인이 원하는 모든 시설이 주어지므로 많은 천사가 따릅니다. 집을 관리하고 방문객을 안내하며 돕는 천사들이 많이 있지요. 2천층까지는 개인적으로 수종드는 천사가 없지만, 3천층부터는 있습니다. 또한 공동 소유의 구름 자가용이 있어 끝없이 펼쳐진 천국을 마음껏 여행하며 즐길 수 있습니다.

3천층에서는 생명의 면류관이 주어집니다. 주님을 위해 생명을 바치는 시험을 믿음으로 통과했기 때문에 기본적으로 주는 상급입니다(약 1:12). 3천층에 들어간 성도들은 2천층의 성도에 비하면 지극히 영화로운 생활을 합니다. 하지만 이들도 새 예루살렘을 바라볼 때에는 아쉬움이 남습니다. 그러므로 성결과 더불어 온 집에 충성함으로 하나님을 기쁘시게 하는 차원에 들어가는 것이 참으로 중요합니다.

온 영의 사람이 들어가는 새 예루살렘 성

사도 요한은 새 예루살렘 성의 영광스러움에 감탄하여 "그 성의 빛이 지극히 귀한 보석 같고 벽옥과 수정같이 맑더라"(계 21:11) 했습니다. 성 전체가 하나님의 영광으로 둘렸기 때문입니다. 새 예루살렘 성에서 발산되는 빛이 얼마나 위엄 있고 아름다운지 장차 우리가 직접 보면 탄성이 저절로 나올 수밖에 없습니다. 상상했던 것보다 훨씬 더 아름답고 웅장한 곳입니다. 새 예루살렘 성에는 온전히 성결을 이루고 하나님의 깊은 마음까지도 헤아리며 하나님의 뜻을 좇아 충성한 사람이 들어갑니다. 온 영의 사람 곧 믿음의 5단계에 이른 사람이 들어가는 처소이지요.

이곳은 찬란한 빛을 내는 높은 성벽으로 둘려 있는데, 이는 3천 층 내의 다른 처소와 새 예루살렘을 구분하는 경계선이 됩니다. 새 예루살렘 성의 크기는 가로, 세로, 높이가 같은데, 각각 1만 2천 스다디온(Stadium)입니다(계 21:16). 스다디온은 거리 단위로서 1만 2천 스다디온은 대략 2,400㎞에 해당합니다.

새 예루살렘 성을 평면으로 보았을 때 한반도 면적의 약 26배, 남한 면적의 약 58배입니다. 평면으로만 보면 이렇게 계산할 수 있지만, 실제는 그렇지 않습니다. 높이도 2,400km가 되기 때문입니다. 따라서 우리가 사용하는 평면적인 개념으로는 새 예루살렘 성의 공간을 온전히 이해하기 어렵습니다.

성벽의 사면에는 각각 세 개씩 총 열두 개의 진주문이 있으며 성곽의 기초석(주춧돌)은 열두 가지의 보석으로 되어 있습니다. 열두 문마다 천사가 있고 길은 맑은 유리 같은 정금으로 만들어졌습니다. 성곽의 기초석을 이루는 보석뿐만 아니라 갖가지 아름다운 보석이 있습니다. 크기를 가늠하기 어려울 만큼 어마어마하게 큰 보석도 있으며, 어떤 것은 이중 혹은 삼중의 빛을 내기도 합니다.

새 예루살렘 성의 내부는 크게 하나님, 주님, 성령님의 영역으로 나뉩니다. 하나님의 영역에는 하나님 보좌를 중심으로 엘리야, 에녹, 모세, 아브라함 등 구약 시대에 활동했던 믿음의 선진들 처소가 자리 잡고 있습니다. 하나님 보좌 오른편 아래쪽으로는 주님의 영역인데, 중앙에는 황금 지붕을 가진 주님의 성 본채가 있습니다. 그 주변으로 다양한 형태와 빛깔을 지닌 건물이 펼쳐져 있습니다. 가장 가까이에는 주님의 수제자였던 베드로, 요한, 야고보의 집이 있으며 그다음으로 다른 제자들의 집이 있습니다.

하나님의 보좌 왼편 아래쪽으로는 성령님의 영역인데, 전체적으로 어머니의 품처럼 부드럽고 따뜻한 느낌이 듭니다. 그곳에는 성령 시대에 온 영으로 나온 사람들의 집이 형형색색 아름답게 자리 잡고 있습니다. 이미 완성된 집이 있는가 하면, 천사들이 건물 곳곳에 아름다운 보석으로 장식하면서 마무리 단계에 있는 집도 있습니다. 어떤 집은 집터가 확장되기도 합니다. 집주인이 지금도 이 땅에서 계속하여 영혼을 구원하고 있기 때문입니다.

새 예루살렘 성 안의 집은 마치 거대한 성과 같이 규모가 크고 화려합니다. 이 땅에서 경작받는 동안 온유함을 이룬 만큼 천국에서도 넓은 터가 주어지는데, 새 예루살렘에 간 사람은 그만큼 온유함이 승하기 때문입니다(마 5:5). 집집마다 주인이 원하는 모든 시설이 갖춰져 있으며 주인의 믿음과 상급, 취향에 따라 특색 있게 만들어졌기에 집만 보아도 주인이 누구인지 알 수 있습니다. 각 집을 두르고 있는 하나님 영광의 빛과 보석들은 그 주인이 이 땅에서 얼마나 성결을 이루고 어떻게 하나님을 기쁘게 해 드렸는지 말해 줍니다. 이 땅에서 좋아하는 것, 하고 싶은 것, 갖고 싶은 것을 주님을 위해 버린 만큼 아름다운 상급이 주어지지요.

새 예루살렘에 들어간 사람에게는 금 면류관과 의의 면류관이 기본적으로 주어집니다. 금 면류관은 정금으로 된 관 위에 갖가지 보석이 장식되어 있습니다. 요한계시록 4장 4절에 "또 보좌에 둘려 이십사 보좌들이 있고 그 보좌들 위에 이십사 장로들이 흰옷을 입고 머리에 금 면류관을 쓰고 앉았더라" 말씀했습니다. 금 면류관의 금은 불순물이 전혀 없는 정금이며, 영원히 변함없는 참 믿음을 상징합니다. "하나님을 기쁘시게 하는 믿음"의 분량에 이른 것에 대한 상급입니다.

의의 면류관은 사도 바울처럼 흠도 점도 없는 깨끗한 마음을 이루고 하나님 나라에 충성한 사람에게 주어집니다(딤후 4:7~8). 새 예루살렘에 가는 사람에게는 금 면류관, 의의 면류관뿐만 아니라 이 땅에서 하나님께 크게 영광 돌린 일이 있을 때마다 그에 따른 면류관이 더 주어집니다.

새 예루살렘 성에는 이 외에도 하나님께서 우리를 위해 준비하신 것들이 참으로 많습니다. 이에 대해 요한계시록 21장 2절에 "그 예비한 것이 신부가 남편을 위하여 단장한 것 같더라" 말씀합니다. 여인들이 결혼식 날 가장 아름답게 단장하듯이, 하나님께서는 새 예루살렘 성을 다른 어떤 처소보다 아름답고 아늑하며 행복한 공간으로 예비해 주십니다.

집집마다 휘황찬란한 보석에서 나오는 빛깔과 다양한 색채가 조화를 이룹니다. 어떤 집에는 끝이 보이지 않을 정도로 넓은 호수와 울창한 숲, 드넓은 초원과 아름다운 정원, 휴양 시설, 수많은 새와 아름다운 동물이 있습니다. 새 예루살렘에 들어왔다는 것만으로도 모든 것이 감동 자체입니다. 말로 표현할 수 없는 감동과 영광 가운데 영원토록 행복을 누리며 살아갑니다.

이 땅에 인간 경작이 시작된 이후 구원받은 사람 중에 새 예루살렘에 들어간 경우는 많지 않습니다. 하나님은 모두가 참 자녀로 나와 아름다운 새 예루살렘에 들어오기를 원하시지만 간신히 구원받은 사람이 훨씬 더 많은 것입니다. 그들은 하나님의 은총 가운데 지옥에 떨어지지 않고 낙원에서 안식을 누릴 수 있다는 사실만으로도 늘 감사하는 마음입니다.

하지만 낙원에서 누리는 행복은 새 예루살렘 성에서 누리는 것과 비교할 수조차 없습니다. 바로 윗단계인 1천층과도 큰 차이가 납니다. 하나님의 공의 가운데 처소마다 누리는 환경과 여건이 차이가 나는데, 이는 하나님의 사랑이 깃든 배려입니다. 영적인 빛의 강도가 비슷한 사람끼리 가장 적합한 처소에서 자유롭고 행복하게 생활할 수 있도록 해 주신 것이지요. 이처럼 저마다 믿음의 분량에 따라 분류된 천국의 처소에서 영원히 살아가는데 영의 공간에 적합한 아름답고 신령한 몸으로 변화된 모습입니다.

영의 공간 속의 영혼육

우리가 육의 공간에 살면서 얼마나 영에 속한 영혼육을 이루었느냐에 따라 하나님의 선물이 주어집니다. 영원한 천국의 처소에서 누리는 영광은 물론, 각자가 행한 대로 옷, 면류관, 각종 장식품 등을 상급으로 주십니다.

영체

영에 속한 혼과 육

하나님의 선물

영화나 드라마에서 사람이 죽었을 때 자기와 똑같이 생긴 영혼이 쑤욱 빠져나가는 장면을 볼 수 있습니다. 몸을 빠져 나온 영혼은 아래에 누워 있는 또 다른 자기를 보고 '왜 나와 똑같이 생긴 사람이 있는지' 의아해하거나 놀랍니다. 이러한 일이 비단 영화나 드라마에서만 존재하는 허구일까요? 성경은 영의 세계와 영혼의 실재를 기록하고 있습니다.

우리가 장차 영원한 천국에서 살아가려면 영의 공간 속의 영혼육으로 변화되어야 합니다. 사람들은 하나님께서 창조하신 생령 아담의 불순종으로 죽은 영을 지닌 채 태어나 자신의 정욕대로 살아갑니다. 그러나 하나님의 은혜로 예수 그리스도를 영접하고 성령을 받아 죽은 영이 살아나면 영의 세계를 사모하는 하나님의 참 자녀가 될 수 있습니다.

농부가 밭에 씨를 뿌리고 경작하듯이 하나님께서 사람을 창조하고 경작하시는 섭리를 깨우쳐야 영을 회복하고 영에 속한 영혼육을 이루게 됩니다. 장차 빛의 공간인 셋째 하늘에서 살아가기에 적합한 영혼육을 이루어야 온전한 영체로서 영원한 천국의 삶을 누릴 수 있습니다.

　이러한 빛의 공간에서 우리는 과연 어떤 모습일까요? 이 땅에서는 육의 공간에 적합한 영혼육을 가졌지만 영의 공간에 가면 그에 맞는 영과 혼과 몸을 갖게 됩니다.

1. 영체

영체란 쉽게 말해 영의 형상이요, 영을 담는 그릇이라 할 수 있습니다.
구원받은 사람마다 하늘에 속한 형체가 있는데 각각 그 영광이 다릅니다.
성결의 정도에 따라 영체의 빛이 다르며 부활체를 거쳐 온전한 영체가 됩니다.

'체'는 어떤 사물의 형상을 말합니다. 하늘 높이 날아가는 독수리를 보고 '저것이 독수리다' 할 수 있는 것은 독수리의 고유한 체가 있기 때문입니다. 사자는 사자의 체, 독수리는 독수리의 체가 있으며 각각의 체가 다르기에 서로를 구분할 수 있습니다.

이와 같이 육체는 우리가 눈으로 구분할 수 있는 어떤 형상을 이루는 모습을 말합니다. 사람의 경우 이 땅에 속한 형상 곧 육체가 있으며, 또 이와 상대적으로 하늘에 속한 형상인 영체도 있습니다.

"하나님이 그 뜻대로 저에게 형체를 주시되 각 종자에게 그 형체를 주시느니라 육체는 다 같은 육체가 아니니 하나는 사람의 육체요 하나는 짐승의 육체요 하나는 새의 육체요 하나는 물고기의 육체라 하늘에 속한 형체도 있고 땅에 속한 형체도 있으나 하늘에 속한 자의 영광이 따로 있고 땅에 속한 자의 영광이 따로 있으니"(고전 15:38~40)

우리 눈에 보이는 형상, 곧 몸이라는 육체가 있듯이 영도 영체가 존재합니다. 영체란 영을 담는 그릇이라 할 수 있습니다. 쉽게 말해 영의 형상이지요. 사람은 생명이 끊어진 후에도 혼의 내용물은 소멸되지 않고 영체에 담깁니다. 이 땅에서 경작받으면서 얼마나 진리대로 행하며 빛의 자녀 된 권세를 지녔느냐에 따라 영체의 빛이 다릅니다. 또한 각자의 영혼을 담은 영체의 모습이 다르기 때문에 누구의 영인지 구별할 수 있고, 영체에서 나오는 빛의 강도에 따라 하나님께서 그의 영혼을 지금 불러가시면 갈 수 있는 천국의 처소까지도 알 수 있습니다.

영체는 그림자같이 희미한 것이 아니라 뚜렷한 형체를 갖고 있습니다. 무게가 있는 듯하면서도 없고, 없는 듯하면서도 있습니다. 종이 한 장을 들어 보면 무게가 없는 것 같으나 실제로는 있는 것과 같습니다. 그렇다고 해서 바람에 날려 이리저리 흔들리는 것이 아닙니다. 영체는 무게를 잴 수 없을 만큼 가볍지만 안정되어 있습니다.

생령 아담의 영체

아담은 하나님께서 처음으로 만드신 사람입니다. 하나님께서 흙으로 오장육부와 뼈 등 사람의 형상을 섬세하게 만드신 뒤 생기를 그 코에 불어넣으시니 생령(生靈), 곧 살아 있는 영이 되었습니다. 아담의 심장이 박동하며 피가 돌고 모든 기관과 세포들이 활동하기 시작했지요. 늙지 않고 썩지 않는 살과 뼈를 가진 아름다운 모습이었습니다. 뿐만 아니라 생기를 불어넣을 때 아담의 영이 몸의 형상과 똑같은 영체를 이루었습니다. 아담의 몸이 형체를 갖고 있는 것처럼 영 또한 아담의 모습과 같은 형체를 이룬 것입니다. 아담의 몸 안에는 하나님과 교통할 수 있는 영과 그것에 순종하며 보조 역할을 하는 혼이 담겨 있었습니다.

영이 원하는 대로 혼과 육이 순종함으로써 아담은 하나님 말씀을 지켜 행하고 영이신 하나님과 교통할 수 있었습니다. 창조될 당시, 아담의 영체 안에 담긴 영은 아무런 내용물이 없는 백지와 같은 상태였기에 하나님께서는 그를 에덴동산으로 이끌어들인 뒤 영의 지식을 가르쳐 주셨습니다.

에덴동산에서 수많은 세월을 보낸 뒤 아담은 사단의 미혹을 받은 하와가 준 선악과를 먹고 맙니다. 그 후 "정녕 죽으리라"(창 2:17) 한 대로 아담의 영이 죽음으로써 하나님과 교통이 끊기게 됩니다. 물론 아담의 영은 하나님께로부터 온 것이므로 완전히 소멸될 수는 없습니다. 하나님께서 아담에게 불어넣으신 생기는 불멸의 속성이 있기 때문입니다.

여기서 영이 죽었다고 표현하는 것은 하나님과 교통이 끊기고 영의 활동이 멈추어버린 상태를 말합니다. 영이 죽어 활동하지 못하자 혼이 사람의 주인 노릇을 하며 육을 다스리게 되었습니다. 아담이 범죄한 후 아담을 생령으로 유지시켜 주던 영의 지식들이 빠져나갔습니다. 그러자 영체 안에 세상으로부터 어둠에 속한 육의 기운이 들어오기 시작했고 이때부터 아담의 몸은 육의 질서에 지배를 받았습니다. 시간이 지나면 변질되고 노화되며 결국 죽음을 겪어야 하는 존재가 된 것입니다.

임종을 앞둔 사람의 영체

사람은 죽는다 해도 영체 안에 영과 함께 혼이 담겨 영원히 존재하게 됩니다. 죽은 후에도 혼이 소멸되지 않는 것은 영에 결합되어 혼의 작용을 하기 때문입니다. 몸이 죽고 뇌의 기능이 정지되어도 그 안에 있는 지식은 영체 안에 그대로 남게 됩니다. 생각과 느낌도 담겨 있지요. 이렇게 결합된 영과 혼을 묶어 영혼이라고 합니다.

이 땅에 살면서 예수 그리스도를 영접하고 하나님 말씀대로 행하며 빛의 공간에 들어갈 수 있는 자격을 갖춘 사람의 영체는 빛이 납니다. 반면에 빛이신 하나님과 사귐을 갖지 않고 세상에 물들어 죄악 가운데 살므로 영이 죽어 있는 사람의 영체는 어둠뿐입니다.

임종을 앞두고 구원받은 사람과 그렇지 못한 사람의 모습이 정반대인 것을 볼 수 있습니다. 구원받지 못한 사람은 공포 속에 눈을 뜨고 숨을 거두는 경우가 많지만 구원받은 사람은 눈을 감고 평안한 얼굴로 숨을 거둡니다. 영혼이 육체에서 분리되려고 하는 순간 천국과 지옥이 있음을 알기 때문입니다.

구원받지 못한 사람 중에는 지옥사자가 대기하고 있는 모습을 보는 경우가 있습니다. 지옥사자는 머리끝부터 발끝까지 어둠으로 가득 차 있습니다. 온통 검은 옷을 입은 데다 창백한 얼굴에 검붉은 입술, 그리고 눈 밑으로 아주 검은 기운이 드리워져 있습니다. 이런 지옥사자가 구원받지 못한 영혼에게 다가왔을 때 얼마나 놀랍고 두렵겠습니까? 그 순간 "천국과 지옥이 정말 있구나." 하고 실감하기에 공포 속에 죽어갑니다. 그러나 때는 이미 늦습니다. 아무리 지난 날을 후회해도 소용이 없지요. 지옥으로 끌려갈 수밖에 없는 것입니다.

그런데 믿음을 지키며 신앙생활을 잘한 사람은 두려워할 이유가 없습니다. 죽음 직전 흰옷 입은 두 천사가 대기하고 있는 것을 보기 때문에 얼굴에 화색이 돌고 평안한 모습입니다. 몸에서 영혼이 분리될 때에는 말로 표현하기 어려운 감동과 행복이 총체적으로 밀려듭니다.

예전에 우리 교회에서 신앙생활을 열심히 하다가 소천한 분이 있습니다. 그분은 참으로 선하고 온유하여 누구와도 다툼이나 부딪침이 없었습니다. 모든 사람과 화평하며 항상 선한 말, 고운 말, 사랑과 진리의 말만 했지요. 또 하나님을 뜨겁게 사랑하여 범사에 하나님의 일을 우선으로 하였으며, 하나님 나라를 위해서라면 생명을 조금도 아끼지 않았습니다. 그분의 빈소는 입구에서부터 너무나 밝은 빛이 흘러나왔습니다. 그 강한 빛과 그분의 영혼을 데리러 온 천사의 위엄을 볼 때 그분이 어느 처소에 갈지 능히 짐작할 수 있었습니다.

구원받은 사람의 영체

이 땅의 삶을 마치고 구원받은 사람의 영혼이 몸에서 빠져나오면 두 천사가 호위하여 천국의 대기 장소까지 인도합니다. 주님이 부활하시기 전에는 '윗음부'가 천국의 대기 장소였습니다. 그런데 부활하신 후부터는 구원받은 영혼의 대기 장소가 달라집니다. 윗음부가 아닌 낙원 가장자리에 위치한 대기 장소에 머물게 되는데 윗음부에 있던 구약 시대의 영혼들도 그곳으로 옮겨졌지요.

신약 시대에 구원받은 사람은 영혼이 몸을 떠나면 일단 윗음부로 갑니다. 그곳에서 3일 동안 머물면서 영의 세계에 적응할 수 있도록 교육을 받고 필요한 지식을 배웁니다. 그리고 대기 장소인 낙원의 가장자리로 옮겨집니다. 장차 인간 경작이 끝나고 주님의 공중 강림과 천년왕국이 지난 후에 하나님께서는 백보좌 대심판을 통해 각 사람에게 행한 대로 처소와 상급을 주십니다.

그렇다면 구원받은 사람의 영체는 어떤 모습일까요? 우리가 영체를 알면 부활이나 휴거도 쉽게 이해하고 믿을 수 있습니다. 만일 어린 나이에 죽음을 맞았다면 영체도 어린아이의 모습이며, 청년 때에 세상을 떠났다면 청년의 모습, 노년에 죽음을 맞았다면 영체 또한 노인의 모습입니다. 영체만 보아도 그가 언제 죽음을 맞이했는지 알 수 있습니다. 그러나 영체에 수염이나 장애, 흉터, 주름 등이 있는 것은 아닙니다. 질병으로 죽은 사람도 영체의 모습은 건강하고 아름다우며, 노인의 영체도 임종 당시와 비슷하되 늙거나 허약해 보이지 않습니다.

모두 흰옷을 입고 있으며 영체 자체에서 빛이 발산됩니다. 사람마다 빛의 강도가 다른데, 성결을 이룬 만큼 더 아름답고 밝습니다. 그 빛에 따라 거하는 천국의 처소와 영광이 달라집니다. 여성은 성결을 이룬 정도에 따라 머리카락 길이가 다릅니다. 고린도전서 11장 15절에 "만일 여자가 긴 머리가 있으면 자기에게 영광이 되나니" 말씀한 대로입니다. 낙원이나 1천층, 2천층에 들어갈 사람은 어깨선 까지, 3천층에 들어갈 사람은 척추 중간까지, 새 예루살렘에 들어 갈 사람은 척추 끝까지 머리카락이 닿습니다. 길이만 보아도 앞으로 어느 처소에 가게 될지 대략 알 수 있지요. 하지만 남자의 머리카락 길이는 모두 목선까지로 일정합니다. 천국에서 남녀의 머리카락 은 살짝 웨이브가 있는 금빛입니다.

천국 대기 장소에 있는 영체는 아직 신령한 몸을 이루지 못한 상 태이기에 온전하다고 할 수 없습니다. 그래서 이들도 주님의 공중 강림과 부활의 때를 사모하며 기다립니다. 주님께서 공중 강림하실 때에야 비로소 신령한 몸이 입혀진 '부활체'가 되기 때문입니다.

부활체란 무엇인가

주님이 공중 강림하실 때 천국의 대기 장소에 있던 영혼들이 함께 내려오는데 그들은 무덤에서 부활하여 나오는 신령한 몸과 결합하 여 부활체가 됩니다. 그래서 믿고 구원받은 사람을 성경에서는 죽 었다 하지 않고 '잠잔다'고 말씀합니다. 죽어 장사된 그들의 몸이 신령한 몸으로 나와 하나님의 권능으로 공중으로 끌어올려져 영혼 과 결합하는 것입니다. 부활체의 영혼육이 되는 것이지요.

이미 세월이 많이 흘러 무덤에서 한 줌의 흙으로 변했거나 화장(火 葬)으로 뼛가루조차 사라진 경우에는 어떻게 몸과 결합할 수 있을 까요? 우리 눈에는 보이지 않지만 실상은 각 사람의 몸의 성분이 여전히 이 땅에 존재합니다. 주님이 강림하실 때 하나님의 능력으로 그 성분이 한 데 모여서 홀연히 변화되어 공중에 내려온 영혼과 만나 영혼육 일체를 이루는 것입니다.

그다음, 살아 있다가 주님을 맞는 사람들도 순식간에 신령한 몸으로 변화되어 공중으로 들림받는데, 이를 휴거(携擧)라고 합니다. 마치 공중에 강력한 자석이 있어 땅에 있는 쇳가루를 끌어올리는 모습에 비유할 수 있습니다.

"주께서 호령과 천사장의 소리와 하나님의 나팔로 친히 하늘로 좇아 강림하시리니 그리스도 안에서 죽은 자들이 먼저 일어나고 그 후에 우리 살아남은 자도 저희와 함께 구름 속으로 끌어올려 공중에서 주를 영접하게 하시리니 그리하여 우리가 항상 주와 함께 있으리라"(살전 4:16~17)

"보라 내가 너희에게 비밀을 말하노니 우리가 다 잠잘 것이 아니요 마지막 나팔에 순식간에 홀연히 다 변화하리니 나팔소리가 나매 죽은 자들이 썩지 아니할 것으로 다시 살고 우리도 변화하리라 이 썩을 것이 불가불 썩지 아니할 것을 입겠고 이 죽을 것이 죽지 아니함을 입으리로다"(고전 15:51~53)

구원받은 영혼은 공중에서 주님과 만나 7년 동안 혼인 잔치를 하는데 여기서 공중이란 둘째 하늘의 에덴 한편에 있는 특별한 공간입니다. 에덴은 에덴동산을 포함하는 드넓은 공간입니다. 7년 혼인 잔치는 이 땅에서 경작받으며 수고한 것을 위로받으며 즐기는 시간만이 아니라 경작받은 시절을 회고하며 하나님께 감사하는 시간이기도 합니다.

이렇게 주님이 공중 강림하실 때 신령한 부활체로 바뀌면 각자 변화된 몸을 보면서 얼마나 자신이 주님의 마음을 닮아 성결되었는지, 이 땅에서 얼마나 열매를 맺었는지 알지요. 백보좌 대심판 때에 어떤 상급과 영광을 얻게 될지도 대략 압니다. 부활체의 모습으로 공중에서 7년 혼인 잔치를 한 뒤 이 땅에 다시 내려와 천 년을 보냅니다.

그러면 부활체는 영체와 어떻게 다를까요? 부활체와 영체가 느끼는 영의 공간의 느낌은 많이 다릅니다. 영체만으로는 온전하다 할 수 없으며 부활체가 될 때에 비로소 영의 공간에서 살 수 있는 기본적인 바탕을 이뤘다 할 수 있습니다. 영체가 죽음을 맞을 당시의 모습이라면, 부활체는 남녀노소 할 것 없이 33세의 모습으로 바뀝니다.

예수님은 33세에 이 땅의 삶을 마쳤습니다. 해가 중천에 떠 있을 때 가장 밝은 것처럼 33세는 인생의 절정기입니다. 33세를 전후로 가장 성숙하고 활력이 있습니다. 20대의 풋풋함을 지나 성숙한 아름다움을 갖춘 시기이지요. 꽃에 비유하면 활짝 폈다고 할 수 있습니다.

그래서 하나님께서는 구원받은 자녀들에게 영원히 변치 않는 신령한 몸을 주실 때 33세 때의 모습을 택하신 것입니다. 키는 남자가 약 190cm 정도이고, 여자는 이보다 한 뼘 정도 작아 170cm를 조금 넘는 정도입니다. 너무 마르거나 뚱뚱하지 않은, 가장 아름다운 모습으로 바뀝니다.

부활체는 영혼과 신령한 몸이 결합한 상태이므로 손으로 만져집니다. 부활체의 실체를 보여 주신 분이 바로 예수 그리스도입니다. 부활하신 주님이 제자들에게 나타나 "내 손과 발을 보고 나인 줄 알라 또 나를 만져 보라 영은 살과 뼈가 없으되 너희 보는 바와 같이 나는 있느니라"(눅 24:39) 하신 것처럼 부활체는 뼈와 살이 있습니다. 썩지 않는 신령한 몸으로서 이 땅 곧 육의 공간의 제약을 받지 않고 자유자재로 다닐 수 있습니다.

부활하신 주님은 자유자재로 벽을 통과하여 제자들에게 나타나셨고(요 20:19, 26), 요한복음 20장 22절에는 '숨을 쉬셨다'라는 기록이 나옵니다. 부활체는 숨도 쉬며 음식을 먹고 마실 수 있습니다. 섭취한 음식물은 호흡과 함께 분해되어 배출됩니다. 섭취한 음식이 호흡과 함께 밖으로 배출되어 향기로 머물다 사라지니 얼마나 신기한 일입니까?

"여기 무슨 먹을 것이 있느냐 하시니 이에 구운 생선 한 토막을 드리매 받으사 그 앞에서 잡수시더라"(눅 24:41~43)

주님이 제자들에게 이러한 모습을 보인 것은 부활의 신앙을 심어 주고 부활체에 대해 알려 주시기 위해서입니다. 또한 신령한 몸도 음식을 먹을 수 있음을 알려 주기 위함이셨지요. 부활하신 주님의 모습을 막달라 마리아나 제자들이 처음에는 알아보지 못했습니다. 이는 부활체에서 나오는 영적인 빛 때문입니다. 의심 많은 도마에게는 손의 못 자국을 보이셨는데, 실제로 부활체에 흉터가 있는 것은 아닙니다. 도마에게 믿음을 심어 주기 위해 잠시 표증으로 나타내신 것입니다.

온전한 영체

부활체로 변화하여 공중에서 7년 혼인 잔치를 하고 이 땅에 내려와 천 년을 보낸 뒤 백보좌 대심판을 거쳐 각자에게 정해진 천국 처소로 가게 됩니다. 그때에는 부활체의 윗단계라 할 수 있는 온전한 영체로 바뀝니다. 하나님께서 왜 단번에 온전한 영체를 주시지 않고 부활체라는 중간과정을 거치게 한 것일까요?

셋째 하늘에 있는 천국과 7년 혼인 잔치를 하는 둘째 하늘이 영의 밀도나 시간의 흐름 등 많은 분야가 다르기 때문입니다. 각 공간에 가장 적합한 체를 입혀 주시는 것이지요. 부활체와 온전한 영체의 가장 큰 차이점은 온전한 영체에는 성결된 정도뿐만 아니라 하나님께 받은 상급과 영광이 그대로 나타난다는 점입니다. 그리고 영체와 부활체, 온전한 영체의 공통점은 각 사람의 성결을 이룬 정도에 따라 빛이 다르다는 것입니다.

인간 경작이 끝나면 각 사람의 성결과 상급의 정도가 판가름나기에 영적인 빛을 보고 이를 구분할 수 있습니다. 그렇지만 모든 것이 확연히 드러나는 시점은 백보좌 대심판 후입니다. 하나님께서 정식으로 인정하고 공포하시면 비로소 그에 따른 영광과 권세와 상급이 주어진 온전한 영체가 되는 것입니다.

영광의 광채

영체의 밝기는 이 땅에서 얼마나 성결되었느냐에 따라 다르기 때문에 이를 영광의 광채라고 합니다. 성결되어 주님의 마음을 닮은 만큼 더욱 맑고 밝은 광채가 납니다. 빛의 밝기로 서열을 구분할 수도 있는데 특히 2천층 이하의 사람과 3천층 이상에 들어간 사람은 겉모습만 보아도 큰 차이가 납니다. 각 사람에게서 나오는 영광의 빛, 옷과 옷의 문양, 장식, 머리 모양 등이 다르기 때문이지요.

요한계시록 19장 8절에 "빛나고 깨끗한 세마포를 입게 하셨은즉 이 세마포는 성도들의 옳은 행실이로다" 말씀한 것처럼 천국에서는 남녀 모두 빛나는 흰옷을 입습니다. 옷이 비단처럼 부드럽고 무게가 없는 듯 가벼워서 하늘거립니다. 먼지나 땀이 없으므로 옷을 오래 입는다 해서 지저분해지거나 냄새가 나지 않습니다. 하얀 옷 위에 여러 가지 장식으로 디자인 되어 이 땅에서 보던 의상과 비교할 수 없이 아름답고 찬란합니다. 게다가 옷에서 무지갯빛을 비롯한 여러 가지 영롱한 빛이 나옵니다.

옷 중에는 평상복이 있는가 하면, 연회 때 입는 파티복, 예배드릴 때 입는 예복, 운동복, 게임복 등이 따로 있습니다. 그때그때 상황에 맞게 갈아입을 수 있지요. 천국에서는 모든 것이 이 땅에서 행한 대로 주어지므로 사람마다 옷의 종류나 가짓수도 다릅니다. 몇 벌만 가진 사람이 있는가 하면, 헤아릴 수 없이 많은 옷을 가진 사람도 있습니다. 옷뿐만 아니라 머리에 쓰는 관이나 장식을 통해서도 각 사람의 상급과 영광을 알 수 있습니다.

우리가 얼마큼 마음의 성결을 이루고 믿음으로 충성했느냐에 따라 면류관의 종류와 개수, 장식, 빛, 화려함의 정도가 다릅니다. 하다못해 옷감의 색상 하나까지도 차이가 납니다. 처소에 따라 색의 농도와 배합과 광채가 다르지요. 하지만 낮은 처소의 옷이라도 이 땅의 것과 비교하면 상상할 수 없을 만큼 광채가 나며 빛깔도 아름답고 선명합니다. 온전한 영체 자체가 너무 아름다워 어떤 장식이 필요치 않지만 사랑의 하나님께서는 이처럼 각자가 행한 대로 옷, 면류관, 각종 장식품 등을 주십니다.

2. 영에 속한 혼과 육

구원받은 하나님의 자녀들은 백보좌 대심판 후에 영원한 천국에서
온전한 영체로 살아갑니다. 온전한 영체는 영에 순종하는 혼과
배설이 필요 없는 신령한 몸을 가진 모습입니다.

'영혼육'에 대한 이해가 중요한 이유는 무엇일까요? 아담의 범죄
로 인해 변질된 영혼육을 회복해야 하기 때문입니다. 이는 하나님께
서 이 땅에 인간을 경작하시는 목적이기도 합니다. 우리가 예수 그
리스도를 믿고 성령을 선물로 받아 영을 회복하는 만큼 영에 속한
혼과 육을 이루며 영에 속한 영혼육의 사람이 될 수 있습니다.

영에 속한 혼과 육을 이룬 사람은 영혼이 잘된 사람입니다. 요한
삼서 2절에 "사랑하는 자여 네 영혼이 잘됨같이 네가 범사에 잘되
고 강건하기를 내가 간구하노라" 말씀했습니다. 성경에서 '사랑하
는 자'란 단어가 나오는 것은 축복의 말씀입니다. 하나님의 사랑
을 받을 만한 사람에게 주시는 말씀이기 때문입니다.

영혼이 잘되면 육에 속한 생각을 차단할 수 있습니다. 어떤 생
각을 하고 싶지 않으면 바로 멈출 수 있고, 냄새나 소리, 통증까지
도 차단할 수 있습니다. 이처럼 생각과 느낌을 지배할 수 있으니 항
상 기쁨과 감사로 충만하며(롬 8:6) 범사가 잘되고 강건한 축복이 임
하게 됩니다. 육을 지배하고 다스리기 때문에 질병이 틈타지 않으며
혹 실수로 틈탔다 해도 곧 믿음으로 이길 수 있습니다.

영에 속한 혼이란?

하나님께서 창조하신 첫 사람 아담은 생령으로서 영에 속한 영혼육의 사람이었습니다. 영이 사람의 주인이었으므로 혼과 육을 다스리며 진리로 이끌어 갔지요. 하지만 범죄하여 영이 죽은 후에는 육에 속한 영혼육으로 변질되었습니다. 사람이 생령이었을 때는 하나님으로부터 진리만 공급받으니 오직 영에 속한 혼의 작용만 있었지만 영이 죽은 후에는 사단이 혼을 주관하니 영에 속한 혼의 작용을 할 수 없게 된 것입니다.

그러나 예수 그리스도를 영접한 후에는 성령으로 영을 낳으며 하나님의 말씀에 순종하는 만큼 영에 속한 혼의 작용을 할 수 있습니다. 고린도후서 10장 5절에 "모든 이론을 파하며 하나님 아는 것을 대적하여 높아진 것을 다 파하고 모든 생각을 사로잡아 그리스도에게 복종케 하니" 말씀한 대로 잘못된 지식과 이론, 그리고 하나님께서 기뻐하시지 않는 모든 생각을 진리로 바꿔 나가기 때문입니다.

사람은 육에 속한 혼이 있는 만큼 사단의 역사를 받으므로 영에 속한 혼의 작용을 하려고 해도 마음대로 되지 않습니다. 따라서 자신의 생각과 말과 행실을 늘 점검하면서 혼의 작용을 진리로 바꾸기 위해 부단히 노력해야 합니다. 불같이 기도하며 열심히 노력하면 하나님 은혜와 능력, 성령의 도움을 받아 영에 속한 혼의 작용만 할 수 있습니다.

영에 속한 혼은 자연히 영에게 순종합니다. 원래 주인인 영이 본연의 역할을 하기 때문에 혼은 영의 지시에 순종을 잘해 줍니다. 영에 속한 혼의 작용을 하기에 선, 사랑, 진리만 생각하지요. 예를 들어, 상대가 무례히 행하거나 악을 행해도 마음 상하지 않습니다. 화평을 원하기 때문에 맞서 싸우지 않고 이해해 줍니다. 기분 나빠하기보다는 상대의 악함을 불쌍히 여길 뿐입니다.

물론 이렇게 영혼이 잘된 사람이라 해도 기억 장치 속에 진리뿐 아니라 비진리도 입력되어 있습니다. 그러나 기억 속에 비진리가 담겨 있더라도 마음에서 비진리가 버려지면 사단이 역사할 수 없기 때문에 자연히 영에 속한 혼의 작용만 합니다. 성령의 주관을 따르므로 보지 말아야 할 것은 보지 않고, 판단 정죄를 하지 않으며 진리대로 살게 됩니다.

영에 속한 혼의 작용이 계속되면 육에 속한 혼의 작용 자체가 사라질 수 있습니다. 비진리를 보고 듣는 것이나 말하는 것도 싫어지지요. 그럴 때 마음이라는 그릇 안에 진리로 가득 채워지는데 마음에서 비진리가 사라졌기 때문에 자연히 혼 속에서도 없어집니다. 그래서 온전히 진리의 마음으로 채워졌다면 진리에 속한 혼만 남게 됩니다.

모든 것을 알되 오직 영의 생각만 하는 혼

장차 우리가 천국에 들어갈 때에 영만 가는 것이 아니라 혼도 영체에 담겨 함께 갑니다. 이때 혼은 영에 속한 혼, 즉 진리에 속한 혼입니다. 비진리를 버리고 진리로 이룬 것만 영과 합류되기 때문입니다. 그러면 천국에서 비진리에 관한 것은 아무것도 모를까요? 그렇지 않습니다. 지금보다 더 상세하게 알게 됩니다.

고린도전서 13장 12절에 "우리가 이제는 거울로 보는 것같이 희미하나 그때에는 얼굴과 얼굴을 대하여 볼 것이요 이제는 내가 부분적으로 아나 그때에는 주께서 나를 아신 것같이 내가 온전히 알리라" 했습니다. 약 2천 년 전에는 거울을 은, 청동, 철 등의 금속판을 갈아 광을 내서 만들었기 때문에 희미했습니다. 그 거울로는 물체의 윤곽과 빛깔만 알 수 있었지만, 오늘날의 거울로는 정확히 볼 수 있듯이 천국에서도 마찬가지입니다. 자신이 알지 못했던 일까지 정확히 알게 되는 것입니다.

그러나 영에 속한 혼이기에 만일 이 땅에서 경작받을 때의 억울한 일을 회상한다 해도 '속상하다, 밉다'는 비진리의 생각이 스치지 않습니다. 다만 온유와 화평과 긍휼 속에 영의 생각, 진리의 생각이 떠오르지요.

영으로 서로의 마음을 정확히 헤아릴 수 있어

또한 천국에서는 눈에 보이지 않는 상대의 마음도 정확히 헤아리며 마음에 악이 없으므로 오해, 편견, 판단 등이 없습니다. 특히 새 예루살렘에서는 서로의 마음을 온전히 영으로 헤아리며 한마디 말에도 배려, 사랑, 섬김이 담겨 있어서 상대에게 감동을 줍니다. 이처럼 서로의 마음뿐 아니라 아버지 하나님과 주님의 마음도 잘 알기 때문에 '우리가 경작받는 동안 하나님의 마음은 이러셨구나!

십자가를 지실 때 주님은 이런 심정이셨구나!' 하고 밝히 알게 됩니다.

하나님께서 영감 가운데 모세 선지자의 마음을 느끼게 하신 적이 있습니다. 매우 찬란한 광채 속에 서 있는 모세 선지자를 만났는데, 그에게는 선의 향기가 가득했습니다. 제 손을 잡아 줄 때에는 하나님 사랑이 그대로 전해졌지요. 그가 입을 여니 출애굽 당시 광야에서 이스라엘 백성에게 하나님 말씀을 선포하던 담대함과 위엄이 녹아 있었습니다.

모세는 자신이 어렸을 때 애굽 왕궁에서 자랐던 일, 유모였던 친어머니를 통해 전능자 하나님이 계시다는 것과 자신이 히브리인임을 알게 된 일, 광야에서 이스라엘 백성이 우상을 섬기며 범죄했던 일 등 출애굽 지도자로서 사명을 감당하기까지 그의 심정이 어떠했는지 전해 주었습니다. 그때의 상황을 떠올리면서 모세 선지자는 순간순간 눈물을 지었습니다.

이처럼 천국에서 이 땅의 일을 회상하면서 눈물을 지을 때면 이내 아름다운 빛으로 변합니다. 주변에서 함께 듣던 이들도 그의 선한 마음과 영혼 사랑함이 얼마나 승한지 전달받으며 깊은 감동을 느끼지요.

그러면서 천국에서의 행복을 주신 하나님 사랑에 다시 한 번 감사하며 중심에서 영광 돌리게 됩니다. 온 마음과 뜻과 정성을 다해 하나님을 사랑하며 그 사랑과 감사가 세세토록 변질되지도 않습니다. 참된 자녀를 얻어서 사랑을 나누시고자 수많은 아픔을 겪으면서도 인간을 경작하신 하나님의 섭리를 깊이 깨닫기 때문에 영원히 중심으로 감사하게 되는 것입니다.

영에 속한 육이란?

생령 아담과 같이 육을 알지 못하는 영은 온전할 수가 없으며, 영을 알지 못하는 육 또한 가치가 없습니다. 예수님을 구주로 영접하지 않아서 하나님 나라를 알지 못하고 영적인 세계를 모르는 이들은 모두 육의 사람입니다. 이들은 영원한 지옥 불구덩이에서 고통받아야 하니 무슨 가치가 있겠습니까? 육과 영의 세계를 모두 앎으로 헛된 육을 버리고 영으로 들어간 사람만이 참으로 가치 있는 것이지요.

우리가 마음에 성결을 이뤄가는 만큼 우리의 육도 영에 속한 육으로 변화됩니다. 온전히 성결되지는 않았다 해도 영으로 변화되는 만큼 연약하던 사람도 강건해집니다.

사람이 영으로 들어오면 영 안에 혼과 육이 깃들므로 하나처럼 움직입니다. 육의 공간에 산다 해도 영으로 혼과 육을 지배하고 다스리기 때문에 마치 영의 공간에 있는 것과 동일합니다. 따라서 아담의 범죄로 잃어버렸던 하나님의 형상을 되찾는 만큼 하나님과 밝히 교통하며 만사형통한 축복을 받을 수 있습니다.

또한 영의 사람이 되면 노화의 속도도 느려지고 나아가 온 영으로 들어가면 회춘할 수 있습니다. 모세는 120세에 세상을 떠날 때까지 눈이 흐리지 않고 기력이 쇠하지 않았습니다. 아브라함은 나이가 많아 자녀를 가질 수 없는 상황에서 하나님의 능력으로 아들 이삭을 낳았습니다. 그런 그가 40여 년이 지난 후에 여섯 자녀를 더 낳았지요(창 25장). 그런가 하면 엘리야와 에녹은 모든 악을 버리고 영의 깊은 차원에 들어가 하나님의 성품에 가까워져서 '죄의 삯은 사망'이라는 영계의 법칙에 상관없으므로 죽음조차 피해갔습니다.

먹지 않아도 영원히 살 수 있는 몸

천국에 가면 하나님의 자녀들은 온전한 영체로 변화되기에 썩거나 변질될 일이 없고 영원한 생명을 누립니다. 먹지 않아도 하나님께서 주신 생명의 능력으로 영원히 살 수 있습니다. 마태복음 26장 29절을 보면 예수님께서 "내가 포도나무에서 난 것을 이제부터 내 아버지의 나라에서 새것으로 너희와 함께 마시는 날까지 마시지 아니하리라" 말씀하십니다. 부활 승천하신 주님께서는 인간 경작을 다 마친 후에야 구원받은 성도와 함께 드시겠다는 것입니다. 부활 승천하신 주님처럼 우리도 신령한 몸을 입으면 굳이 먹지 않아도 살아가는 데 지장이 없습니다.

그러나 천국 음식에 담긴 향이나 성분이 영체에 좋은 영향을 주므로 음식을 먹기도 하고 향을 흠향하기도 합니다. 과일이나 꽃의 향기를 흡입하는 것을 흠향이라 하는데 코는 물론 온몸으로 할 수 있으며 마음으로도 할 수 있습니다. 구약 시대에 짐승이나 곡식으로 제사드릴 때에 하나님께서는 그 사람의 정성을 흠향하셨지요. 또 오늘날 우리가 드리는 찬양, 예배, 예물 등에 담긴 마음의 향을 받으십니다.

흠향은 천국에서 더 큰 기쁨과 행복을 느끼며 충만함을 얻는 방법입니다. 이 땅에서 사람들이 다양한 음식을 먹으며 기쁨을 느끼듯이 온전한 영체는 흠향하는 것을 즐거워하지요. 천국에서는 싫증 내는 마음이 없기 때문에 똑같은 것을 계속 흠향한다 해도 늘 동일한 행복과 만족을 느낍니다. 과일과 꽃의 향기를 흠향하면 마치 향수를 뿌린 것처럼 몸에 스며들었다가 다시 발산되며 마음이 더욱 충만해집니다.

배설이 필요없는 신령한 몸

온전한 영체는 신령한 몸을 가졌기 때문에 흠향할 뿐만 아니라 직접 음식을 먹기도 합니다. 여러 가지 과일을 먹고 생명수로 만든 각종 음료를 마십니다. 천국에는 열두 가지 생명나무 과일 외에도 헤아릴 수 없이 많은 실과가 풍성하게 열려 있으므로 마음껏 먹을 수 있습니다. 음료도 생명수 한 가지가 아니라 다양한 종류가 있습니다.

그러면 이 땅에서 좋아하는 음식을 천국에서도 먹을 수 있을까요? 고기나 빵, 케이크 같은 음식도 천국에 있을까요? 혹 이 땅의 음식이 그리워지기도 할까요? 천국에 가면 이 땅에서 먹었던 육의 음식을 먹고 싶은 마음은 들지 않습니다. 셋째 하늘의 공간에 적합한 상태가 되면 먹지 않아도 영원히 살 수 있고 과일과 음료만 먹어도 충분히 만족과 행복을 느끼기 때문입니다.

물론 가끔 경작받던 시절을 회상하며 특별히 떠오르는 음식을 재현해 보고 싶은 마음이 들 수도 있습니다. 그럴 때 당시 음식을 흉내 내어 비슷하게 만들기도 하지요. 하지만 천국의 과일과 음료가 훨씬 맛이 좋으므로 육의 음식을 즐기지는 않습니다.

천국에서 우리가 음식을 먹으면 호흡과 함께 분해되어 향기로 발산되기 때문에 배설할 필요가 없습니다. 섭취한 음식이 호흡과 함께 자연스럽게 밖으로 배출되어 향기로 있다가 사라지는 것입니다. 이 땅에서처럼 소화하고 배설하는 일이 없으니 얼마나 편하고 신기한 일입니까. 당연히 냄새나는 화장실도 필요 없지요. 이처럼 천국에서는 신령한 몸을 가진 온전한 영체로 살아가는 것입니다.

이는 천국 어느 처소나 마찬가지입니다. 그러나 만일 이 땅에서 경작받는 동안 육에 속한 혼이 많고 영에 속한 혼이 조금밖에 없다면 천국에서도 그만큼 영체의 빛은 약할 수밖에 없습니다. 이 땅에서 얼마나 영에 속한 혼으로 변화되었느냐에 따라 낙원, 1천층, 2천층으로 구분되어 들어가는 것입니다. 육에 속한 혼이 없이 온전히 영에 속한 혼으로 변화되어야 3천층 이상 새 예루살렘 성에 들어갈 수 있습니다.

이렇게 하나님께서는 사랑과 공의 가운데 우리가 이 땅에서 심은 대로 거두게 하시고 행한 대로 갚아 주시는 분입니다. 영적인 빛의 밝기에 따라 천국의 처소와 서열이 결정되는 것이니 신속히 영에 속한 영혼육의 사람으로 변화되기 위해 불같이 기도하며 힘써 노력해야 하겠습니다.

3. 하나님의 선물

하나님께서 구원받은 자녀들에게 예비하신 선물이 바로 영원한 천국의 삶입니다. 우리가 이 땅에서 경작을 받아 얼마나 하나님의 마음에 합한 사람이 되느냐에 따라 각자에게 맞는 처소에 들어가 영원히 살아갑니다.

인간 경작을 통해 알곡 성도를 추수하시는 하나님의 거대한 프로젝트가 오늘도 계속되고 있습니다. 천지 만물에 나타난 하나님의 능력과 신성을 보고 믿으며 그 말씀대로 살아가는 수정같이 맑고 아름다운 영혼을 찾으시는 것입니다. 성경 곳곳에는 마지막 때와 세상 끝 날에 대해 기록해 놓았기에 영적으로 깨어 있는 사람은 인간 경작이 마쳐질 날이 멀지 않음을 느끼며 살아갑니다.

아담의 범죄 후 인류는 생명의 씨를 통하여 후손을 낳고 생로병사를 겪으며 문명을 이어왔습니다. 인간 경작이 마쳐지면 하나님께서는 창세 이래 구원받은 알곡 성도들을 모두 둘째 하늘에 있는 공중으로 초청하십니다. 그리고 우리가 상상치도 못할 만큼 황홀한 혼인 잔치를 베푸시고 7년 동안 주님과 함께 사랑을 나누게 하십니다.

"우리가 즐거워하고 크게 기뻐하여 그에게 영광을 돌리세 어린 양의 혼인 기약이 이르렀고 그 아내가 예비하였으니 그에게 허락하사 빛나고 깨끗한 세마포를 입게 하셨은즉 이 세마포는 성도들의 옳은 행실이로다 하더라 천사가 내게 말하기를 기록하라 어린 양의 혼인 잔치에 청함을 입은 자들이 복이 있도다 하고 또 내게 말하되

이것은 하나님의 참되신 말씀이라"(계 19:7~9)

하나님의 사랑은 여기서 그치지 않습니다. 마치 혼인 잔치가 끝나면 신혼여행을 떠나듯이 신랑 되신 주님과 함께 공중에서 지상으로 내려와 천 년 동안 왕 노릇하게 하십니다. 인간 경작을 받았던 첫째 하늘을 새롭게 꾸미고 구원받은 성도들이 주님과 함께 마음껏 사랑을 나눌 수 있도록 배려하시는 것이지요.

"이 첫째 부활에 참예하는 자들은 복이 있고 거룩하도다 둘째 사망이 그들을 다스리는 권세가 없고 도리어 그들이 하나님과 그리스도의 제사장이 되어 천 년 동안 그리스도로 더불어 왕 노릇하리라"(계 20:6)

이처럼 놀라운 일을 준비하신 하나님께서는 천년왕국 시대가 끝나면 사랑하는 자녀들을 위해 친히 준비하신 선물을 공개하십니다. 바로 백보좌 대심판을 통해 그동안 신앙생활을 하면서 행한 것을 상급으로 갚아 주며 각 사람의 믿음의 분량에 따라 천국의 처소를 정해 주시는 것입니다. 더 이상 눈물, 슬픔, 고통, 질병, 사망이 없는 곳에서 온전한 영체로서 선과 사랑, 기쁨과 행복이 넘치는 천국 생활을 할 수 있도록 셋째 하늘에 들여 주십니다.

"내가 너희를 위하여 처소를 예비하러 가노니 가서 너희를 위하여 처소를 예비하면 내가 다시 와서 너희를 내게로 영접하여 나 있는 곳에 너희도 있게 하리라"(요 14:2~3)

과연 하나님께서 사랑하는 자녀에게 선물로 주실 영원한 천국의 모습과 그곳에서의 생활은 어떠할까요?

새 하늘과 새 땅

천국의 하늘은 참으로 맑고 깨끗한 푸른색입니다. 천국에 있는 하늘을 파란색으로 만드신 이유는 파란색은 깊이와 높이, 맑음을 느끼게 하기 때문입니다. 하늘을 바라보는 하나님의 자녀들이 수정 같이 맑고 아름다운 마음으로 세세토록 행복하게 살 수 있도록 배려해 주신 것입니다.

천국의 하늘에도 구름이 있는데 이는 아름다움을 더하기 위한 하나의 장식품과 같습니다. 이 구름은 천국에서 살아가는 사람들의 마음에 행복을 더해 줍니다. 새 예루살렘에 들어간 사람이 하늘을 바라보며 하나님의 사랑을 생각하고 찬송할 때, 천사들이 주인의 마음을 헤아려 구름으로 하트 모양을 만들거나 갖가지 글씨를 써 주기도 하지요.

천국에는 햇빛과는 비교할 수 없는 하나님의 영광의 빛이 있어서 새 예루살렘에서 낙원의 가장자리까지 밝게 비춥니다(계 22:5). 하나님 영광의 빛은 맑고 영롱하며 매우 밝기 때문에 만일 낙원에 있는 사람들에게 그대로 비춘다면 눈이 부셔서 고개를 들 수 없을 정도입니다. 그래서 하나님께서는 새 예루살렘을 제외한 다른 처소, 곧 3천층, 2천층, 1천층, 낙원으로 갈수록 빛의 밝기를 약하게 조절해 주십니다.

또한 천국에도 하나님의 능력에 의해 봄, 여름, 가을, 겨울이라는 사계절이 조성됩니다. 군이 사계절이 필요없지만, 하나님의 자녀들을 위해 두신 것으로 계절마다 아름다운 자연 정취를 즐길 수 있습니다. 천국에서도 가을의 단풍과 겨울의 눈 내리는 정경을 볼 수 있습니다.

이 땅에서 계절의 변화 속에 가장 아름답다고 느꼈던 요소들을 천국에서도 느낄 수 있도록 더 온전하고 아름다운 것으로 만들어 두셨습니다. 그렇다고 천국에서도 더위나 추위를 겪는다는 의미는 아닙니다. 사계절의 구분이 있지만 춥지도 덥지도 않으며, 살기에 가장 적합한 환경입니다.

천국의 땅은 흙이 아니라, 금과 은과 각종 보석들로 되어 있습니다. 밀도가 높은 쇠도 가루 형태로 있다면 바람에 날려 먼지가 되지만, 작은 구슬의 형태라면 바람이 불어도 먼지처럼 날아가지 않습니다. 천국의 땅을 이루는 금, 은, 보석들은 동그란 구슬의 형태로 되어 있기 때문에 천국에는 먼지가 없습니다.

정금길과 보석길

천국의 모든 처소에는 정금으로 된 길이 있습니다. 물론 처소에 따라 정금에서 나오는 빛은 차이가 납니다. 새 예루살렘으로 갈수록 더 밝고 아름다운 빛이 나지요. 천국의 정금은 이 땅의 순금처럼 무르지 않고 단단하지만 그 위를 걸을 때는 매우 부드러운 느낌을 줍니다. 이 땅에서는 손바닥만 한 금덩이 하나 갖기 어려운데 맑은 유리같이 빛나는 정금길이 끝없이 펼쳐진 것을 본다면 얼마나 장관

이겠습니까? '정금'은 변함없는 영적인 믿음을 상징합니다. 믿음의 분량에 따라 천국의 각 처소가 결정되므로 정금의 빛이 처소마다 다른 것입니다.

하나님께서는 낙원에 있는 정금에는 그다지 의미를 부여하지 않으십니다. 반면에 1천층, 2천층, 3천층으로 갈수록 온전한 믿음의 분량에 더 가까이 이른 사람이 들어가기 때문에 사용된 정금에도 더 값진 의미가 부여됩니다. 그것은 빛의 밝기로 나타나지요.

정금길 외에도 꽃길, 보석길 등 다양한 길이 있습니다. 그냥 서 있기만 해도 하나님의 능력에 의해 저절로 움직이는 길도 있지요. 길 전체가 꽃으로 덮여 있다면 어떠할까요? 영체는 무게가 있는 듯 없는 듯하기 때문에 꽃 위를 걸어도 꽃이 상하지 않습니다. 꽃들은 하나님의 자녀들이 다가오면 기뻐하며 더 진한 향기를 발산해 줍니다.

보석길에는 영롱한 빛이 나는 다양한 보석이 깔려 있습니다. 밟을 때마다 보석은 한층 더 아름다운 빛을 냅니다. 천국 어디에서나 보석길을 볼 수 있는 것은 아닙니다. 온전히 주님의 마음을 닮고 인간 경작의 섭리를 이루는 데 큰 공헌을 한 사람들의 집과 그 주변에 하나님께서 특별히 만들어 주시지요.

수정같이 맑은 생명수 강

생명수 강은 하나님 보좌로부터 시작되어 천국 전체를 돌아 다시 하나님 보좌로 흐릅니다. 이 강물은 마치 수정과 같이 맑고 깨끗하며 흐르는 듯, 흐르지 않는 듯 잔잔합니다. 증발하거나 오염되는 일이 없으며 마치 맑은 날 바다 물결이 햇빛에 반사되어 보석처럼 반짝거리는 모습과 흡사합니다. 만물을 소성케 하는 생명수는 생명의 근원 되시는 하나님의 마음을 나타냅니다. 곧 어둠이나 흐림이 없이 눈부시게 영롱하며 흠도 티도 없이 맑고 아름다운 마음이요, 모든 것에 완전하신 마음입니다.

생명수 강이 천국을 두루 돌아 흐르는 데에는 천국의 모든 영혼을 하나님께서 통치하며 하루하루 은혜 가운데 충만하게 살도록 해 주신다는 의미가 있습니다. 생명수는 이 땅에서 맛볼 수 없는 달콤한 맛일 뿐 아니라 마시면 생명과 능력과 충만함을 줍니다.

요한계시록 22장 2절에 "길 가운데로 흐르더라" 말씀한 대로 생명수 강가 양쪽에 길이 있습니다. 생명수 강이 하나님 보좌로부터 나와 천국 전체로 흐르기 때문에, 강 양편 길을 따라 거슬러 올라가면 하나님 보좌가 있는 곳에 이를 수 있습니다.

또한 이는 우리가 이 땅에서 영생수인 하나님 말씀에 따라 살면 천국에 이를 뿐만 아니라 가장 아름다운 새 예루살렘에 도달할 수 있다는 영적인 의미를 담고 있습니다. 길과 진리, 생명 자체가 되시는 예수님의 말씀, 성경의 진리 말씀을 그대로 믿고 순종하면 천국의 최고 처소인 새 예루살렘에 이르는 것입니다. 천국에는 생명수 강 외에도 바다나 크고 작은 호수가 많으며 아름답고 멋진 폭포들도 있습니다.

생명수 강과 양편에 놓인 길 사이에는 아름다운 금모래, 은모래로 이루어진 모래사장이 있습니다. 천국의 모래는 원형이며 부드럽기 때문에 아무리 그 위에서 뒹굴고 뛰놀아도 다치거나 긁힐 염려가 없으며 먼지처럼 날리거나 옷에 달라붙지 않습니다.

생명수 강에서 수영을 할 수도 있습니다. 세상에서 수영을 하지 못하던 사람이라 해도 천국에서는 자유자재로 헤엄칠 수 있습니다. 이 땅에서 수영을 하려면 옷을 갈아입는 번거로움이 있지만 천국에서는 물이 옷에 스며들지 않고 물방울이 되어 굴러 떨어지기 때문에 옷을 입은 채로 언제든지 자유롭게 수영을 즐길 수 있습니다.

생명수 강 양쪽으로 길게 펼쳐진 정금길에는 아름다운 벤치가 있고, 그 주변에는 열두 종류의 생명과일 나무가 있습니다. 요한계시록 22장 2절을 보면 "강 좌우에 생명나무가 있어 열두 가지 실과를 맺히되 달마다 그 실과를 맺히고" 말씀합니다. 이는 매달 실과가 떨어지고 새로 맺힌다는 의미가 아니라 늘 맺혀 있다는 것입니다.

생명 과일은 메론 정도의 크기에 사과와 비슷한 모양으로 약간의 홍조를 띠며 빛깔이 매우 아름답습니다. 열두 가지가 빛, 크기, 모양, 맛이 약간씩 다르며 누군가가 과일을 따면 그 자리에 다시 생겨납니다. 이 땅의 어떤 과일보다 향기로우며 형용할 수 없을 만큼 맛이 좋습니다. 입에 대면 솜사탕처럼 사르르 녹아들지요.

예전에 기도하던 중 하나님께서 생명수 강가의 풍경을 보여 주신 적이 있습니다. 금이나 갖가지 보석으로 수놓은 벤치에 하나님 자녀들이 앉아 행복한 대화를 나누고 있었습니다. 대화하다가 생명 과일이 먹고 싶다는 마음을 품기만 해도 수종드는 천사가 주인의 마음을 알고 황금으로 된 꽃바구니에 담아 갖다 주었습니다. 사랑하는 사람들과 생명수 강가에 놓인 벤치에 앉아 강을 바라보거나, 산책하면서 정겨운 담화를 나눈다면 얼마나 행복하겠습니까?

천국의 동식물

천국에는 무수히 많은 종류의 동물과 새와 물고기들이 있습니다. 세상에 없는 종류도 있지만 이 땅에는 있어도 천국에는 없는 것도 있습니다. 레위기 11장에 하나님께서 '가증하다' 하신 동물과 '부정하다' 하신 동물은 천국에 없습니다.

천국의 동물은 이 땅의 것보다 약간 커서 우람하다는 느낌이 들며 온순하고 순종적입니다. 짐승의 털과 새의 깃털에서는 영롱한 빛과 은은한 향이 나지요. 동물의 왕이라 불리는 사자도 사납지 않고 매우 온순하며 깨끗한 털과 금빛 찬란한 갈기가 아주 멋져 보입니다.

천국의 동물은 하나님 자녀들을 보면 반기며 좋아합니다. 특히 새 예루살렘에서는 개인 소유의 동물 곧 애완동물이나 동물원을 상급으로 받는 경우가 있습니다. 동물들은 재롱을 부리며 주인을 기쁘게 합니다. 동물에게 혼이 있어서 주인의 마음을 헤아리는 것은 아닙니다. 천사들이 하나님의 명령에 따라 움직이듯이, 동물도 영적인 존재로서 어떻게 하면 주인에게 귀여움을 받을지 알아서 움직입니다.

천국에는 생명나무, 과일 나무, 꽃 등 다양한 식물이 있습니다. 이 땅의 식물은 뿌리로 물과 양분을 흡수하고 잎으로 광합성 작용을 하여 자라지만, 천국에는 이러한 작용이 없어도 하나님께서 주신 생명력으로 영원히 삽니다. 식물의 뿌리는 양분을 흡수하는 기능을 하는 것이 아니라 각 식물의 특성을 나타내기 위해 존재합니다. 물론 꽃의 모양, 향기, 열매 등을 통해서도 알 수 있지만 뿌리도 정체성을 나타내는 하나의 도구가 됩니다.

천국의 식물은 각각 고유한 향기를 강하게 혹은 은은하게 발하기도 하고 가지를 흔들며 굽힘으로써 의미가 담긴 연출을 합니다. 천사의 찬양에 맞추어 춤을 추듯 움직이며 향기를 힘껏 발하여 하나님을 찬미하기도 하지요.

아무리 오랜 시간이 흘러도 잎이나 꽃, 열매가 떨어지지 않으며 향이나 빛깔이 변하지 않습니다. 꽃을 꺾으면 그 자리에서 바로 꽃이 피어나고 열매도 마찬가지입니다. 꺾인 꽃도 시들지 않고 싱싱한 모습 그대로 유지됩니다. 꽃을 그대로 두고 싶으면 언제까지나 그대로 둘 수 있고 정리하고 싶어 하면 분해되어 사라집니다. 꽃잎을 빻아 가루로 만들면 더 진한 향을 내는 종류도 있어 주인이 그것을 병에 담아두고 싶다면 언제까지 그렇게 보존할 수 있습니다.

식물마다 독특한 향이 있습니다. 상큼한 향, 달콤한 향, 고상하면서 은은한 향 등 좋은 향만 있지요. 그런데 처소별로 향과 그에 담긴 의미가 다릅니다. 예를 들어, 낙원의 장미는 단지 여러 꽃 중의 하나이지만, 새 예루살렘의 어떤 집에 장미가 있다면 주인의 마음이 그 향에 담깁니다. 만일 손님이 찾아온다면 장미꽃이 향을 손님에게 발산하여 주인의 마음을 대변할 수도 있지요. 같은 새 예루살렘에 있는 장미라 해도 주인에 따라 향이 다릅니다.

또한 새 예루살렘에 있는 식물이 다른 처소에도 다 있는 것은 아닙니다. 새 예루살렘에서 낙원으로 갈수록 종류가 한정되고, 같은 종류라도 그것을 활용할 수 있는 권한이 제한됩니다. 잔디밭에 앉을 때도 낙원과 새 예루살렘에서 느끼는 포근함이 다르고 빛깔도 다릅니다.

동식물을 비롯한 천국에 있는 모든 것은 결국 구원 얻은 하나님의 자녀들을 위해 하나님께서 마련해 주신 것입니다. 이 땅에 사는 동안 오직 하나님의 뜻대로만 살았던 참 자녀들에게는 천국에서 원하는 대로 주어집니다.

천국의 문화생활

하나님께서는 자녀들에게 더 큰 즐거움과 행복을 주기 위해 처소마다 다양한 휴양 시설, 놀이 시설 등을 갖춰 주셨습니다. 이 땅의 디즈니랜드와도 비교할 수 없을 만큼 규모가 크고, 흥미진진한 것들로 갖추어져 있습니다.

천국에서는 온전한 영체를 입어 두려움이 없기 때문에 궤도 열차 (롤러코스터)와 같은 놀이 기구를 탈 때도 공포감을 느끼지 않습니다.

흥미진진하고 짜릿한 스릴을 즐기지요. 굳이 놀이 시설을 이용하지 않아도 재미와 즐거움을 느낄 수 있는 일이 헤아릴 수 없이 많습니다. 우리가 각종 취미 생활을 통해 재능을 계발하며 삶을 풍요롭게 하듯이 천국에도 취미 생활이 있습니다.

이 땅에서 즐기던 것은 물론, 하나님 일을 하느라 절제한 것도 마음껏 누릴 수 있으며 새로운 것도 배웁니다. 가령 피아노, 바이올린, 플루트, 하프 등 각종 악기도 배울 수 있는데 천국에서는 모두가 지혜롭고 뛰어나기 때문에 금방 다루는 기법을 터득합니다.

천국의 스포츠는 상대에게 해를 주지 않는 종목이며 일정한 룰에 의해 실력을 겨룹니다. 배구, 농구, 축구, 야구, 테니스 등 팀을 구성하는 경기도 있고 스키, 골프, 볼링, 수영 등 개인 경기도 있습니다. 행글라이딩이나 윈드서핑, 요트 같은 스포츠도 누구나 즐길 수 있습니다. 스포츠 시설과 운동 기구들은 전혀 사고의 위험이 없으며 황금 보석 등으로 장식되어 있어 기쁨과 행복을 더해 줍니다.

천국은 경쟁에서 승리하여 기쁨을 얻는 세계가 아니므로 사랑하는 이들과 함께 시합한다는 자체만으로 얼마든지 기쁨을 얻을 수 있습니다. 승부를 가리지 않는 게임이 무슨 의미가 있을까요? 그러나 천국에는 악이 없기 때문에 상대에게 더 큰 즐거움과 유익을 주는 자체가 게임에서 이기는 것입니다.

물론 선의의 경쟁을 통해 즐거움을 누리는 시합도 있습니다. 한 가지 예를 들면, 꽃향기를 한껏 맡아 와서 사람들 앞에 다시 내뿜습니다. 얼마나 많이 내뿜어 사람들을 기쁘게 해 주느냐에 따라, 또 여러 향을 얼마나 잘 배합했느냐에 따라 높은 점수가 매겨집니다. 다른 이들에게 얼마나 즐거움을 주는지를 경쟁하는 것이니 하나님께도 기쁨이 되지요. 또 이 땅보다 더 재미있고 다양한 오락 기구가 있습니다. 전자오락처럼 피로를 주거나 시각장애를 일으키는 일이 없으며 싫증나지도 않습니다.

천국에서도 영화를 관람할 수 있습니다. 영화관에서는 인간 경작 기간 동안에 있었던 기념비적인 사건을 보여 줍니다. 천지 창조, 노아시대 홍수, 출애굽 사건, 예수님 공생애 사역, 십자가 구속의 섭리, 마지막 때 성령의 불같은 역사, 각 시대 믿음의 선진들 일대기 등을 영화로 만든 것이지요.

예를 들어, 사도 바울의 일대기에 관한 영화라면 그가 어떻게 주님을 만났고 어떻게 주님을 사랑하여 생명 다해 달려갔는지 생생하게 볼 수 있습니다. 성경에 기록되지 않은 세세한 상황까지도 알 수 있습니다. 그가 사람으로서는 감당하기 어려운 극심한 환난을 겪을 때, 빌립보 감옥에 갇혔을 때, 배가 파선하여 깊은 바다에 빠졌을 때에도 하나님께 감사 기도를 올리고 찬미하는 장면들을 실제처럼 대한다면 얼마나 감동스럽겠습니까.

천국 여행과 교통수단

우리는 신비하고 수려한 천국 곳곳을 여행할 수 있습니다. 어디를 가든지 새롭고 색다른 진풍경이 있습니다. 온전한 영체이기에 아무리 오래 여행을 해도 피곤치 않으며, 또 영체의 마음은 변함이 없으므로 같은 여행지를 다시 간다 해도 싫증나지 않습니다.

여행하거나 이동할 때에는 교통수단을 이용합니다. 천국 열차와 같은 대중 교통수단이 있는가 하면 구름 자가용이나 황금 마차와 같은 개인용도 있습니다. 천국 열차는 오색찬란한 보석으로 장식되어 있으며 최상의 편안함을 줍니다. 창밖으로 스쳐 지나가는 경치를 보는 즐거움도 매우 크지요.

만일 낙원에 있는 성도가 새 예루살렘에 초청받아 간다면 천국 열차를 타게 됩니다. 열차는 매우 빠른 속도로 하늘을 날아갑니다. 구름 자가용은 수증기가 아닌 영광의 구름으로 만들어졌으며, 천국의 아름다움을 더하는 하나의 장식품과 같습니다. 구름을 타고 다니면 위엄과 권세를 느끼게 합니다. 주님께서 다시 오실 때에 구름을 타고 오신다 했는데(살전 4:16~17 ; 계 1:7), 이는 영광의 구름을 타고 오시는 것이 더 위엄과 권세가 있고 아름답게 보이기 때문입니다.

하나님께서는 3천층 이상에 들어간 사람에게 구름 자가용을 상급으로 주십니다. 3천층에서는 공동 소유이지만 새 예루살렘에서는 각 개인이 소유하게 됩니다. 그러므로 '구름 자가용'은 그 자체로 소유한 사람의 영광을 나타냅니다.

새 예루살렘 성에 들어간 사람은 구름 자가용을 타고 주님과 함께 여행할 수도 있습니다. 구름 자가용은 주로 천사가 운전하며 혼자 탈 수 있는 개인용과 여러 사람과 함께 탈 수 있는 단체용이 있습니다. 디자인이나 색상, 장식도 참으로 다양하지요. 또 조각구름 자가용이 있어서 골프 같은 경기에서 근거리 이동이 필요할 때 발 앞에 대기하고 있다가 원하는 곳으로 사뿐히 옮겨 주기도 합니다.

천상의 예배와 교육

천국에서도 예배를 드립니다. 물론 하나님께서 설교를 하시는데 이를 통해 하나님의 근본과 태초부터 영원까지의 영의 세계에 대해서 자세히 배웁니다. 주님의 말씀을 듣는 시간도 있습니다. 하나님, 주님, 성령님과 대화도 하는데 이것이 곧 천국에서의 기도입니다. 또 새 노래로 하나님을 찬양하기도 합니다.

특별히 자신의 처소보다 높은 처소의 예배에 참석할 때에는 그곳에 합당한 옷으로 갈아입어야 합니다. 새 예루살렘 예배가 생중계되므로 직접 가지 않아도 다른 처소에서 함께 동참할 수 있습니다. 이때 복잡한 기계나 장비가 동원되는 것은 아닙니다. 천사들이 하늘에 천 같은 것을 펼치면 화면이 되고 각 처소에 알맞게 조명과 색상이 조절되어 마치 실제 현장에 있는 듯 생생한 영상을 볼 수 있습니다.

각 처소에 따라 빛이 조절되는 이유는, 하나님의 모습을 아무런 조절 없이 그대로 내보낸다면 3천층 이하의 사람들은 눈이 부셔서 볼 수 없기 때문입니다. 물론 2천층 이하의 사람들은 스스로의 양심 속에서 화면에 나오는 하나님의 얼굴을 똑바로 쳐다보지 못합니다.

특히 부끄러운 구원을 받은 낙원의 경우라면 하나님 뵙기가 심히 민망하여 제대로 화면을 쳐다보지 못하지요. 하나님께서 인도하시는 예배 외에도 주님과 성령님, 그리고 모세나 바울 등 믿음의 선진들을 초청하여 예배를 드릴 수도 있습니다.

천국에 가서도 우리는 계속 새로운 것을 배웁니다. 하나님 나라는 영원무궁하기에 아무리 배워도 태초부터 계신 창조주 하나님에 대하여 다 배울 수는 없습니다. 영원부터 영원까지 우주 만물을 주관하시는 하나님의 무한하신 깊이를 다 알기는 어렵지요. 진정 배워야 할 것으로 가득하다는 것을 실감하게 되며 그 배움은 이 땅에서와 달리 즐겁고 재미있습니다. 배우는 대로 모든 것이 이해되고 한 번 깨달은 것은 영원히 잊지 않으므로 전혀 힘들지 않습니다. 더욱이 말씀만 듣는 것이 아니라 눈앞에 입체 영상이 펼쳐지므로 실제 현장에 있는 듯한 감동을 맛봅니다.

태초에 "빛이 있으라" 하시는 하나님의 근본의 소리가 울려 퍼짐과 동시에 빛이 생성되고 빛과 어둠이 나뉘는 장면이 눈앞에 펼쳐진다고 생각해 보십시오. 또 물 가운데 궁창이 생기고 물과 물이 나뉘는 모습은 얼마나 장관일까요? 창조의 역사를 베푸신 하나님께 경배와 찬양을 올릴 수밖에 없지요. 이처럼 흥미진진한 배움이 계속되니 따분할 겨를이 없습니다.

각종 천국 연회

천국에서 베풀어지는 각종 연회는 즐거움의 극치라 할 수 있습니다. 천국의 풍요로움과 자유로움, 아름다움, 영광스러움 등을 한눈에 보며 누릴 수 있기 때문입니다. 연회가 열리면 저마다 가장 아름다운 옷과 면류관으로 단장한 후 특별한 공연을 보고 즐기며, 사랑하는 사람들과 함께 춤을 추기도 합니다. 설령 춤을 잘 추지 못하는 사람이라도 온전한 영체를 입은 천국에서는 금방 배워 잘 출 수 있습니다.

이 땅에서도 성령의 감동 감화 충만함을 입어 새 방언과 새 노래가 나오는 단계에 들어가면 손과 팔이 저절로 리듬을 타며 찬양과 경배를 하지요. 천국에서는 온전한 영체를 입었으니 어떤 음악에든지 맞춰 더 아름답게 춤을 출 수 있고, 독무로 영광 돌릴 수도 있습니다.

천국 연회는 다양하며 처소에 따라 규모와 수준이 다릅니다. 먼저 새 예루살렘에는 삼위일체 하나님의 이름으로 베푸시는 연회가 있고, 성부, 성자, 성령 하나님 각각의 이름으로 베푸는 연회도 있습니다. 삼위일체 하나님의 이름으로 베푸시는 연회에는 모든 처소에 있는 영혼들을 초대하는 경우도 있습니다.

예를 들어, 우리가 백보좌 대심판 때 상급을 받고 각 처소에 들어간 다음 새 예루살렘에서 처음으로 열리는 연회가 있는데, 이때 하나님께서는 천국의 모든 사람들을 초대하십니다. 그런데 새 예루살렘과 3천층에 들어간 사람들은 모두 참석할 수 있지만, 2천층, 1천층, 낙원에서는 각자의 처소에서 대표성을 띤 사람 일부만 참석합니다.

다른 처소의 사람이 새 예루살렘의 연회에 참석할 때에는 이에 합당한 단장을 해야 합니다. 먼저는 새 예루살렘에 적응할 수 있는 옷으로 갈아입어야 하는데 이는 처소마다 영체의 빛의 밝기가 다르기 때문입니다. 새 예루살렘에 준비된 옷으로 갈아입으면 그곳에 적응하는 데에 도움이 되고 새 예루살렘 연회의 격에도 맞는 모습이 됩니다.

새 예루살렘에는 옷을 갈아입을 수 있는 장소가 따로 마련되어 있습니다. 그곳에는 무수히 많은 옷이 준비되어 있으며 원하는 대로 천사들이 갈아입혀 줍니다. 하지만 낙원에서 온 경우에는 천사의 도움을 받지 못하고 자신이 직접 갈아입어야 합니다. 새 예루살렘의 눈부신 옷을 입으면 그 영광스러움에 이루 말할 수 없는 감동을 받으며 감히 자신들로서는 입을 수 없는 옷이기에 황송할 따름입니다.

옷과 달리 면류관은 새 예루살렘에 따로 준비되는 것이 아니라 각자의 것을 가지고 와서 씁니다. 3천층에서 쓰는 면류관은 새 예루살렘의 것과는 현격한 차이가 나며, 면류관 오른쪽에 동그랗게 새긴 표가 부착되어 있습니다. 2천층, 1천층, 낙원에 살고 있는 사람들은 왼쪽 가슴에 동그란 표를 붙여서 새 예루살렘이나 3천층의 사람과 자연스럽게 구분되지요. 2천층과 1천층 사람들도 자신의 면류관을 쓰고 연회에 참석하지만, 낙원에서 온 사람은 면류관이 없습니다.

천국 처소별 연회

천국의 각종 연회는 대개 천사들이 장식과 음식, 안내, 섬김 등 모든 분야를 준비합니다. 비행기도 1등석, 2등석, 3등석에 따라 편안함과 서비스가 다른 것처럼 천국의 각 처소에 따라 천사들의 안내와 섬김의 수준, 연회에 준비된 모든 것이 다릅니다.

새 예루살렘 연회를 왕족이나 귀족이 베푸는 연회에 비유한다면, 낙원의 연회는 평민이 이웃과 함께하는 잔치에 비유할 수 있습니다. 이는 비유일 뿐 낙원의 잔치가 초라하고 궁색한 것은 아닙니다. 다만 새 예루살렘의 연회와 비교할 때는 그만큼 규모와 수준의 차이가 현저하다는 것이지요.

낙원에서 베푸는 잔치는 단체적인 형태이며, 개인이 주관하지는 않습니다. 또 천사들이 섬기지 않으므로 과일이나 음료 등 잔치에 필요한 모든 것을 스스로 준비해야 합니다. 비록 낙원이라 할지라도 악이 없고 오직 선과 사랑만 있기 때문에 모두가 기쁨과 즐거움으로 준비하고 서로가 섬기고 배려함으로써 그들 나름대로는 행복한 잔치가 됩니다. 사실 이 땅의 어떤 호화로운 연회에서도 맛보지 못하는 행복이지요. 그러니 새 예루살렘의 연회에서 느끼는 감동과 기쁨과 행복은 어떻겠습니까.

공연과 출연자들

이 땅의 잔치에서 빠질 수 없는 것이 춤과 노래이듯이 천국 연회에서도 중요한 부분을 차지합니다. 아름다운 천사들이 우아하게 춤을 추거나 각종 악기를 연주하고 노래를 불러 줍니다. 출연자들은 천사들과 같이 어울려 찬양과 연주를 하기도 하지요. 천사들의 찬양, 연주와 무용은 흠이 없이 아름답고 기교가 뛰어납니다. 하지만 하나님께서 이보다 더 기쁘게 받으시는 것은 바로 하나님의 자녀들의 찬양과 춤, 연주입니다. 하나님의 마음을 알고 사랑하는 마음으로 드리기 때문입니다.

새 예루살렘에는 특별한 공연장도 있습니다. 뉴욕의 카네기홀이나 매디슨스퀘어 가든, 시드니의 오페라 하우스보다 멋지고 큰 공연장이 있어서 수시로 공연이 열립니다. 출연자는 실력을 뽐내려는 것이 아니라 오로지 하나님께 영광 돌리고 주님과 다른 사람들에게 기쁨과 행복을 주기 위해 공연합니다.

주로 이 땅에서 찬양이나 율동, 무용, 연주, 성극 등으로 크게 영광 돌린 사람들로 구성되며, 이들이 이 땅에서 했던 것을 재연하기도 합니다. 또한 이 땅에서는 하고 싶었지만 여건상 하지 못했던 이들이 천국에서 새로 배우고 익힌 찬양과 무용을 펼쳐 보이기도 합니다.

여러 예능 팀 중에도 영으로 일군 만큼 새 예루살렘 전속(專屬)이 될 수도 있고, 3천층, 2천층, 1천층 전속이 될 수도 있습니다. 새 예루살렘의 전속 찬양 가수나, 무용수, 연주자는 일류로서 천국의 모든 백성에게 알려져 사랑받습니다. 새 예루살렘에서 삼위일체 하나님의 이름으로 열리는 연회나 공연은 천국 전체에 화상으로 동시 방송되기 때문입니다.

우리 눈높이에서 가장 보기 적당한 공중에 큰 화면이 펼쳐져 마치 현장에 있는 듯 생생한 입체 영상으로 볼 수 있습니다. 그러니 다른 처소의 사람들도 새 예루살렘의 연회나 공연을 그대로 보면서 감동받을 수 있지요. 인기 연예인들은 어디를 가든 많은 팬이 따르는 것처럼 천국에서도 찬양으로 영광 돌리는 이들에게는 찬양 담당 천사들이 따릅니다. '주인님!' 하면서 어찌하든 기쁨과 행복을 주려고 합니다.

수많은 천사의 사랑과 칭송을 받는 삶

새 예루살렘에서 큰 영화를 누리며 수많은 천사가 따르는 여인이 있습니다. 바로 이 땅에서 온전한 영의 마음을 이룬 막달라 마리아입니다. 바닥까지 드리운 찬란한 드레스를 입고, 척추 끝까지 내려오는 긴 머리에 빛나는 면류관을 쓴 자태가 눈부실 정도로 아름답습니다.

막달라 마리아는 이 땅에 사는 동안 온전한 성결을 이루었기에 영체에서 너무나 밝은 영광의 빛이 납니다. 게다가 목소리는 겸손함이 가득하면서도 잔잔한 시냇물이 흘러가는 소리처럼 부드럽습니다. 자근자근 말할 때마다 겸손과 선의 향이 그대로 전달되어 듣고 있는 천사들은 물론, 사람들 모두 감동을 받지요. 그래서 막달라 마리아 주변에는 천사들이 그 주위를 맴돌며 선한 향을 찬양하기도 합니다.

무엇보다도 하나님을 늘 뵐 수 있는 영광의 자리에 있기 때문에 그 모습만 보아도 하나님의 마음과 위엄, 영광의 빛이 그윽히 느껴집니다. 막달라 마리아는 어떻게 그처럼 영화로운 자리에 이를 수 있었을까요?

막달라 마리아는 주님을 만난 뒤 수많은 질병을 치료받고 어둠의 세력에서 놓임 받은 은혜에 감사하여 변함없이 주님을 섬겼습니다. 예수님이 십자가 처형을 받자, 믿고 따르던 수많은 사람이 곁을 떠났지만 그녀는 끝까지 자리를 지키며 무덤에 찾아갈 정도로 중심이 변함없었기에 이후 새 예루살렘에서 하나님 보좌 가까이 거하게 된 것입니다.

하나님께서는 막달라 마리아처럼 아름다운 선의 마음을 이룬 참 자녀들과 영원히 사랑을 나누며 그들로부터 찬양을 받기 원하십니다. 이사야 43장 21절에 "이 백성은 내가 나를 위하여 지었나니 나의 찬송을 부르게 하려 함이니라" 말씀하셨습니다. 하나님이 원하시는 것은 고운 목소리나 훌륭한 안무, 연주가 아니라 진실한 사랑과 선한 마음에서 올리는 찬양입니다. 하나님께서도 종종 노래를 하십니다. 독생자 예수님께서 행하신 일이나 놀라운 성령의 역사를 통해 크게 영광 돌린 일을 아름다운 선율과 운율에 맞춰 부르시지요.

이 노래 소리는 어느 누가 흉내 낼 수도 모방할 수도 없으며, 한 번만 들어도 매혹당하지 않을 사람이 없을 만큼 아름다운 소리입니다. 또한 우주를 진동시킬 만한 큰 소리이지만 천국 사람이 다 들을 수 있는 것은 아닙니다. 새 예루살렘에서도 하나님 보좌 가까이 있는 사람들만 들을 수 있습니다. 그러므로 온 영을 이루어 영원한 천국에서 찬양하며 하나님의 노래도 들을 수 있는 영광의 자리에 이를 수 있기를 바랍니다.

인간의 한계를 넘어

하나님의 공간을 체험한 사람들
빛 자체인 하나님의 모습을 본다는 것은?

"내가 진실로 진실로 너희에게 이르노니
나를 믿는 자는 나의 하는 일을 저도 할 것이요
또한 이보다 큰 것도 하리니 이는 내가 아버지께로 감이니라"
(요 14:12)

Chapter 1

하나님의 공간(空間)

사람의 공간과 달리 하나님의 공간은 한계가 없습니다. 하나님의 참 자녀가 되면 무한하신 하나님의 권능으로 인간의 한계를 넘어서게 됩니다. 하나님의 공간에서는 무에서 유가 창조되고 죽은 것이 살아나며 마음에 품은 대로 이루어지므로 능치 못할 일이 없습니다.

공간(空間, space)이란 상하 사방으로 널리 퍼진 것, 혹은 영역이나 세계를 말합니다. 오늘날 컴퓨터를 통한 사이버 공간은 모든 사람에게 열려 있지만 얼마나 컴퓨터 기능을 알고 잘 다루느냐에 따라 활용 정도가 다릅니다. 마찬가지로 우리가 하나님의 공간을 이해하고 활용하는 만큼 성경에 나타난 놀라운 사건들을 직접 체험할 수 있습니다.

영의 세계는 우주 끝 아득히 먼 곳에 존재하는 것이 아닙니다. 육의 세계와 아주 가까이 있습니다. 우리가 집에서 창문을 열면 바깥 경치를 볼 수 있듯이 영의 세계의 문이 열리면 그 자리에서 영의 공간을 볼 수 있습니다.

성경에는 부활하신 주님께서 제자들이 지켜보는 가운데 승천하신 장면이 나옵니다. "저희 보는 데서 올리워 가시니 구름이 저를 가리워 보이지 않게 하더라"(행 1:9) 했습니다. 구름이 있는 곳에서 우리 눈에 보이지 않는 영의 공간이 열리면서 그곳으로 들어가신 것을 말씀합니다. 이처럼 우리가 육의 공간뿐 아니라 영의 공간에 대해 밝히 알면 성경의 많은 난해 구절이 시원하게 풀리며 더욱 온전한 믿음과 천국의 소망을 가질 수 있습니다.

사람은 시간과 공간의 한계 속에 살아갈 수밖에 없는 존재입니다. 그러나 하나님이 원하시는 참 자녀가 되면 사람의 한계를 넘을 수 있습니다. 둘째 하늘에 속한 악한 영이 만질 수도 없으며 장차 생령 아담도 들어갈 수 없었던 셋째 하늘에 속한 천국에 들어가 영생복락을 누리게 됩니다. 뿐만 아니라 넷째 하늘에 속한 하나님의 무한한 권능을 이 땅에서도 체험하며 살아갑니다.

"너희가 아들인 고로 하나님이 그 아들의 영을 우리 마음 가운데 보내사 아바 아버지라 부르게 하셨느니라 그러므로 네가 이후로는 종이 아니요 아들이니 아들이면 하나님으로 말미암아 유업을 이을 자니라"(갈 4:6~7)

하나님 편에서의 공간과 차원

1부 드넓은 영의 공간에서 살펴본 것처럼 하나님께서는 인간 경작을 계획하고 원래 하나였던 공간을 차원이 다른 여러 공간으로 나누셨습니다. 첫째 하늘에서 넷째 하늘까지 크게 네 개의 하늘로 나누신 것입니다. 원래 하나였던 공간을 큰 원이라고 한다면 그중에 하나인 첫째 하늘은 그 안에 포함된 지극히 작은 공간에 불과합니다. 이처럼 차원이 다른 여러 공간을 만드실 때 하나님께서 세우신 원칙이 있는데 바로 고차원은 저차원을 포함하며 지배하고 다스릴 수 있다는 것입니다.

하나님 편에서는 첫째 하늘, 곧 지구를 비롯하여 해와 달과 별 등 우리가 볼 수 있는 우주와 육의 모든 세계가 1차원에 해당합니다. 육의 세계이기 때문에 세월의 흐름에 따라 변하고 썩고 죽음을 겪지요. 2차원은 둘째 하늘의 공간으로 2차원부터는 영의 세계입니다. 둘째 하늘은 크게 빛의 영역과 어둠의 영역으로 구분되어 있습니다. 빛의 영역에는 에덴과 그 안에 에덴동산이 있습니다. 에덴과 맞닿아 있는 다른 한편은 어둠의 영역이며 악의 영들이 공중 권세를 잡고 있습니다.

3차원은 구원받은 하나님의 자녀가 영원히 살아갈 천국입니다. 하나님 보좌가 있는 새 예루살렘 성을 중심으로 믿음의 분량에 따라 거하는 처소가 구분되어 있습니다. 4차원은 넷째 하늘을 말하는데 이는 근본 하나님께서 빛과 소리로 거하시던 공간입니다. 삼위일체 하나님은 넷째 하늘에 계시면서 첫째, 둘째, 셋째 하늘을 모두 다스리며 시간과 공간을 초월하여 창조의 역사를 베풀고 계십니다.

이처럼 신비로운 4차원의 공간을 하나님의 공간이라 말하는데, 근본 하나님이 존재하시던 곳이니 얼마나 아름답겠습니까. 그곳은 성부 성자 성령 삼위일체 하나님과 몇몇 허락된 존재들 외에는 어느 누구도 발을 디딜 수 없습니다.

하나님의 공간은 있던 것도 없게 하고, 없던 것도 있게 할 수 있는 무한한 공간입니다. 또한 어떤 것이 자유자재로 고체가 될 수도 있고 액체 또는 기체가 될 수 있는 오묘한 공간이지요. 그곳은 합당한 자격을 갖춘 사람만이 들어갈 수 있습니다. 지금부터 신비롭고 오묘한 하나님의 공간으로 여행을 떠나보겠습니다.

하나님의 마음이 곧 하나님의 공간

태초에 하나님이 존재하시던 공간은 우리 눈에 보이지 않는 영의 세계였습니다. 그때의 우주는 영의 세계와 육의 세계가 아직 나누어지기 전 하나의 공간을 말하지요. 하나님께서는 아름답고 영롱한 빛을 머금은 소리로 존재하면서 온 우주 공간을 두루 운행하며 모든 것을 홀로 다스리셨습니다.

이렇게 근본 하나님은 빛과 소리로 존재하면서 마음으로 우주 공간을 품고 계셨습니다. 하나님의 마음 안에 모든 우주 공간이 담겨 있었지요. 마음에 공간을 품고 있는 것을 이해하기 위해 비유를 들어 보겠습니다. 만일 고향을 마음에 떠올려 보면 그곳의 공간이 마음에 그려지면서 '지금쯤 내 고향은 어떻겠구나…'라는 생각이 듭니다. 이미 여러분의 마음이 그 공간에 가 있는 것입니다. 또 보고 싶은 사람이 있을 때 그 사람과 함께했던 시간을 떠올려 보면 이미 마음은 그 공간에 가 있지요.

그런데 하나님께서는 마음에 품기만 하면 그 순간 시간과 공간을 초월하여 우주 어느 곳에도 계실 수 있습니다. 이러한 하나님의 속성을 가리켜 무소부재(無所不在)하다고 합니다. 그렇기 때문에 하나님께서는 넓은 우주 구석구석까지도 다 마음 안에 품고 다스리실 수 있습니다.

"옛적 하늘들의 하늘을 타신 자에게 찬송하라 주께서 그 소리를 발하시니 웅장한 소리로다"(시 68:33)

여기서 '하늘들의 하늘을 타신다'는 것은 하나님이 넷째 하늘의 공간까지 온전히 지배하고 다스리는 것을 말합니다. 그 소리를 '웅장한 소리'로 표현하였는데, 이는 실제로 우리 청력으로 들을 수 있는 영역이 아닙니다. 하나님이 창조의 근본의 소리를 발하시면 만물이 순종하며 그 권세와 위엄은 모든 하늘을 진동시킵니다.

하나님의 공간을 소유하려면

하나님께서는 사랑하는 자녀들이 하나님의 공간을 소유하여 모든 공간을 지배하고 다스리기를 원하십니다. 공간을 소유하는 데에는 단서가 있습니다. 인간 경작을 위해 하나님께서 정하신 사랑과 공의의 법칙이 있기 때문입니다. 공의란 하나님의 법도이며 규칙입니다. 이 땅에도 여러 가지 법이나 교통질서 등이 있듯이 하나님의 법이 있는데 이것이 바로 공의입니다.

그렇다면 '공간을 소유한다'는 것은 무슨 의미일까요? 공간을 마음 안에 온전히 품는 것을 말합니다. 물론 우리가 하나님의 공간을 품었다고 해서 하나님처럼 무소부재의 능력이 나타나는 것은 아닙니다. 다만 육의 공간인 이 땅에 하나님의 공간에서 펼쳐지는 놀라운 일들이 나타난다는 의미입니다.

하나님께서는 공간을 나누실 때 각 하늘에 맞는 공의와 사랑으로 나누셨습니다. 첫째, 둘째, 셋째, 넷째 하늘의 차원으로 올라갈수록 공의의 차원도 더 깊고 넓어지는 등 공의 속에서 여러 하늘이 정확한 질서 가운데 유지되는 것입니다. 이처럼 공의의 차원에 차이가 나는 것은 각각 하늘마다 사랑의 차원이 다르기 때문입니다. 사랑과 공의는 떼려야 뗄 수 없으며 사랑의 차원이 깊어질수록 공의의 차원도 깊어집니다.

예수님께서 간음한 여인을 살리신 것도 공의를 뛰어넘는 사랑의 차원에서 비롯된 일이지요(요 8장). 간음하다 현장에서 붙잡힌 여인을 보고 첫째 하늘의 낮은 차원의 공의를 가진 사람들은 당장 돌로 쳐서 죽여야 한다고 하였습니다. 하지만 가장 높은 넷째 하늘의 공의를 가진 예수님께서는 "나도 너를 정죄하지 아니하노니 가서 다시는 죄를 범치 말라"(요 8:11) 하며 공의에 담긴 참사랑을 보여 주셨습니다.

이처럼 하나님의 사랑과 공의가 온전히 임해야 하나님의 공간을 소유하여 모든 공간을 자유자재로 넘나들 수 있고, 영의 법칙이 이해되며 육의 공간의 일들도 꿰뚫어 볼 수 있는 눈이 생깁니다. 예수님은 아무 죄가 없으심에도 불구하고 죄인들을 대신하여 십자가에 달려 죽으셨습니다. 공의를 뛰어넘는 사랑으로 하나님의 공간을 소유하여 죽은 사람을 살리고 질병을 치료하며 파도를 잠잠케 하는 등 놀라운 권능의 역사를 나타내고 1차원에 속한 사람들의 마음과 생각까지 읽으신 것입니다(마 9장).

1차원에 있는 사람들은 육의 공간과 시간의 제약을 받을 수밖에 없습니다. 그런데 우리가 예수 그리스도를 믿고 성령으로 거듭나 마음밭을 개간하며 영으로 일구는 만큼 제약을 받지 않게 됩니다. 3차원에 속한 영의 사람, 온 영의 사람이 되면 비록 우리가 1차원에 속한 공간에 거한다 해도 2차원에 속한 원수 마귀 사단이 두려워 떨 수밖에 없습니다(요일 5:18).

창세기 1장 28절을 보면 하나님이 사람을 창조하고 그들에게 복을 주시며 이르시되 "생육하고 번성하여 땅에 충만하라, 땅을 정복하라, 바다의 고기와 공중의 새와 땅에 움직이는 모든 생물을 다스리라" 했습니다. 생령 아담이 둘째 하늘에 속한 존재였기에 첫째 하늘에 있는 모든 것을 지배하고 다스리며 정복할 수 있는 축복을 받은 것입니다.

마찬가지로 우리가 넷째 하늘에 속한 하나님의 공의와 사랑을 소유한다면 인간의 한계를 넘어서 넷째 하늘에 속한 하나님의 권능을 나타낼 수 있습니다. 그래서 예수님께서 "나를 믿는 자는 나의 하는 일을 저도 할 것이요 또한 이보다 큰 것도 하리니 이는 내가 아버지께로 감이니라"(요 14:12) 약속하신 것입니다.

창조의 역사가 나타나는 하나님의 공간

하나님의 공간에서는 무엇이든 마음먹은 대로 이루어질 수 있습니다. 무엇보다 창조의 역사가 나타나는데 태초에 하나님이 말씀으로 천지 만물을 만든 것이 바로 창조 역사입니다. 예수님께서도 하나님의 공간을 소유하셨으므로 창조의 역사를 나타내셨습니다. 예수님의 공생애 중 처음 표적인 물로 포도주를 만든 일이 대표적인 예입니다.

하루는 혼인 잔치에 가셨는데 포도주가 떨어졌습니다. 이를 안타깝게 여긴 동정녀 마리아가 예수님께 사정을 말씀드리고 도움을 요청합니다. 처음에 예수님께서는 마리아의 청을 받아주지 않았습니다. 그렇지만 마리아는 실망하지 않고 끝까지 믿음을 내보였습니다. 그녀는 예수님이 어떤 분인지도, 물로 포도주를 만들 수 있음도 잘 알았지요. 예수님께 구한 것을 응답받은 줄로 믿은 마리아는 하인들에게 예수님의 말씀대로 하라고 지시합니다.

마리아의 믿음을 보신 예수님은 하인들에게 "항아리에 물을 채우라" 하셨습니다. 하인들이 항아리 여섯 개에 물을 가득 채우자 "이제는 떠서 연회장에게 갖다 주라" 합니다. 갖다 주었더니 포도주가 되었지요. 마음에 품으니 여섯 항아리에 담긴 물이 맛좋은 포도주로 바뀐 것입니다.

하나님의 공간에서는 이렇게 마음에 품기만 해도 창조 역사가 일어날 수 있습니다. 물론 예수님이 공의에 맞을 때만 창조 역사를 베푸셨지 아무 때나 나타낸 것은 아닙니다. 이 표적은 마리아의 온전한 믿음이 공의를 충족시키는 바탕이 되었기 때문에 가능한 일이었습니다.

예수님께서 물고기 두 마리와 떡 다섯 개, 혹은 물고기 두 마리와 떡 일곱 개로 수천 명을 먹인 일이 있습니다. 이 표적을 베풀 수 있었던 합당한 공의는 무엇일까요?

"예수께서 제자들을 불러 가라사대 내가 무리를 불쌍히 여기노라 저희가 나와 함께 있은 지 이미 사흘이매 먹을 것이 없도다 길에서 기진할까 하여 굶겨 보내지 못하겠노라"(마 15:32)

수천 명의 사람들이 예수님을 사모하며 말씀을 듣고자 3일이나 함께하고 있었습니다. 이들은 예수님이 전하는 말씀을 들으며 병자들이 치료받는 것을 보고 함께 기뻐했지요. 예수님을 향한 믿음이 그 순간만큼은 온전했던 것입니다. 이러한 믿음의 바탕 위에 예수님의 사랑이 더하여 창조의 역사를 베풀 수 있는 공의가 성립된 것입니다.

창조의 역사를 체험한 사르밧 과부

이와 비슷한 창조 역사가 열왕기상 17장에도 나옵니다. 엘리야가 하나님 말씀에 순종하여 시돈에 가서 사르밧 과부를 만났을 때 그녀는 매우 궁핍한 상태였습니다. 오랫동안 가뭄이 계속되면서 양식이 떨어져 가루 한 움큼과 기름 조금밖에 남은 것이 없었습니다. 그런데 엘리야는 마지막 남은 양식으로 자신에게 떡 하나를 만들어 가져오라고 하면서 축복의 말씀을 줍니다.

"이스라엘 하나님 여호와의 말씀이 나 여호와가 비를 지면에 내리는 날까지 그 통의 가루는 다하지 아니하고 그 병의 기름은 없어지지 아니하리라 하셨느니라"(왕상 17:14)

이 말을 들은 사르밧 과부는 어떤 이유나 변명을 대지 않고 그 대로 순종했습니다. 상식적으로 생각해 보면 순종할 수 있는 상황이 아닙니다. 이제 마지막 양식을 먹고 굶어 죽어야 할 처지인데 그 것을 달라고 하니 보통 사람 같으면 '참 염치도 없다.'고 여길 것입니다. 하지만 사르밧 과부는 그러지 않았습니다. 하나님께서 그 녀의 마음을 주관하여 엘리야가 하나님의 사람임을 알려 주시니 순종하여 공궤하였지요. 그 결과 사르밧 과부는 어떤 축복을 받았을까요?

"저가 가서 엘리야의 말대로 하였더니 저와 엘리야와 식구가 여러 날 먹었으나 여호와께서 엘리야로 하신 말씀같이 통의 가루가 다 하지 아니하고 병의 기름이 없어지지 아니하니라"(왕상 17:15~16)

여러 날이란 며칠이 아니라 꽤 오랜 세월을 말합니다. 가루와 기름이 계속 떨어지지 않았다는 것은 창조의 역사가 나타난 증거입니다. 그렇다면 엘리야가 어떻게 하나님의 공간에서만 나타날 수 있는 창조의 역사를 베풀 수 있었을까요?

이는 하나님의 공간을 소유한 것은 아니지만 하나님의 마음과 뜻을 한정적으로 읽고 전달받았기 때문입니다. 여기서 '한정적'이라는 말은 어떤 일에 대해 그 순간만큼은 하나님 마음을 읽는다는 의미입니다. 하나님의 뜻을 이루기 위해서 하나님의 마음을 읽을 수 있게 해 주실 때가 있습니다.

스승 엘리야를 붙좇아 갑절의 영감을 받은 엘리사 선지자라도 하나님이 알려 주시지 않을 때에는 수넴 여인이 왜 괴로워하는지 알 수 없었습니다. 수넴 여인은 하나님의 사람 엘리사를 정성 다해 섬김으로 축복받아 아들을 낳았는데 갑자기 그 아들이 죽자 무작정 엘리사에게 달려왔습니다. 그러나 엘리사는 여인이 말하기 전까지 어찌된 영문인지 알 수 없었지요.

"산에 이르러 하나님의 사람에게 나아가서 그 발을 안은지라 게하시가 가까이 와서 저를 물리치고자 하매 하나님의 사람이 가로되 가만 두라 그 중심에 괴로움이 있다마는 여호와께서 내게 숨기시고 이르지 아니하셨도다"(왕하 4:27)

우리가 하나님의 마음을 읽으며 그분의 공간을 활용하려면 하나님을 온전히 믿고 순종하는 온 영의 마음을 이루는 것이 중요합니다. 엘리야뿐만 아니라 아브라함, 모세, 바울이 하나님의 공간을 활용할 수 있었던 것은 온 영의 마음을 가졌기 때문입니다. 이들은 하나님께서 어떤 것을 명하시면 그 말씀에 담긴 하나님의 마음과 뜻을 읽고 깨달을 수 있었습니다. '하나님이 어떻게 역사하시겠다'는 느낌을 받아 하나님의 공간에서 이루어질 일이 마음으로 그려지기에 영적 담대함이 왔지요.

엘리야가 담대하게 외치며 불의 응답을 끌어내린 것도 하나님이 어떻게 역사하시겠다는 느낌을 마음에 전달받았기 때문입니다. 마지막 먹을 양식밖에 없는 사르밧 과부에게 양식을 청할 때에도 마찬가지입니다. 하나님과 신뢰 관계가 되었을 때에는 아무리 현실적으로 이해가 안 되는 일이라도 그대로 순종하면 하나님 말씀대로 이루어집니다. 엘리야 선지자와 사르밧 과부 양쪽 다 공의에 합당하기 때문에 창조의 역사가 일어난 것입니다.

사르밧 과부는 하나님의 사람 엘리야 선지자를 신뢰했으며 그 입에서 나오는 말을 하나님의 말씀으로 믿었습니다. 인간적인 생각을 동원하지 않고 주저함 없이 순종했지요. 그리하여 엘리야가 활용한 하나님의 공간을 사르밧 과부도 함께 체험할 수 있었던 것입니다.

"너희는 너희 하나님 여호와를 신뢰하라 그리하면 견고히 서리라 그 선지자를 신뢰하라 그리하면 형통하리라"(대하 20:20)

엘리야는 하나님을 신뢰하여 하나님만이 소유할 수 있는 공간을 활용한 것이요, 사르밧 과부는 엘리야를 신뢰하여 하나님의 공간이 입혀지니 창조의 역사를 체험할 수 있었습니다. 이렇게 하나님의 공간을 활용하는 하나님의 사람과 믿음, 순종, 행함으로 하나 된 사람에게도 하나님의 공간을 입혀 주십니다.

불 속에서 지킴 받은 다니엘의 세 친구

다니엘의 세 친구는 단지 우상에게 절하지 않았다는 이유로 풀무 불에 던져졌습니다. 평소보다 일곱 배나 풀무 불을 뜨겁게 했기 때문에 이들을 던져 넣기 위해 불 가까이 갔던 군사들이 타 죽을 정도였습니다. 이 정도라면 풀무 불에 던져진 세 사람은 당연히 타 죽을 수밖에 없는 상황입니다. 하지만 결과는 어떻습니까?

"때에 느부갓네살 왕이 놀라 급히 일어나서 모사들에게 물어 가로되 우리가 결박하여 불 가운데 던진 자는 세 사람이 아니었느냐 그들이 왕에게 대답하여 가로되 왕이여 옳소이다 왕이 또 말하여 가로되 내가 보니 결박되지 아니한 네 사람이 불 가운데로 다니는데 상하지도 아니하였고 그 넷째의 모양은 신들의 아들과 같도다" (단 3:24~25)

분명 불 가운데 세 사람을 던졌는데 어찌된 일인지 네 사람이 보였지요. 그중 하나는 왕이 보기에 보통 사람과는 달리 신들의 아들 같았습니다. 원래 영적인 존재는 육의 사람이 볼 수 없지만 하나님이 왕의 영안을 열어 볼 수 있게 하신 것입니다. 이후 풀무 불 속에서 나온 세 사람을 보니 "불이 능히 그 몸을 해하지 못하였고 머리털도 그슬리지 아니하였고 고의 빛도 변하지 아니하였고 불탄 냄새도 없었더라"(단 3:27) 했습니다.

어떻게 이런 일이 일어날 수 있었을까요? 다니엘의 세 친구들이 온전히 지킴 받았던 것은 그들에게 하나님의 공간이 입혀졌기 때문입니다. 하나님의 공간이 입혀졌음을 알 수 있는 것은 '신들의 아들' 같은 사람이 함께 계셨다는 말씀을 통해서입니다. 물론 여기서 신은 유일신인 하나님이지만 느부갓네살 왕이 이방신들을 섬기고 있었기에 자신의 입장에서 그렇게 표현한 것입니다.

그러면 세 사람과 함께 불 속에 있던 '신들의 아들'은 누구일까요? 구약 시대에는 성신으로 사역하셨던 '성령 하나님'입니다. 성령 하나님께서 친히 함께하셨으니 그곳은 하나님의 공간이 입혀진 것입니다.

마라의 쓴물을 단물로 바꾼 모세

출애굽기 15장에 나오는 마라의 쓴물이 단물로 바뀐 사건도 창조주 하나님의 공간 안에서 이뤄진 일입니다. 이스라엘 백성이 홍해를 건너 광야에 들어온 지 사흘이 되었으나 물을 얻지 못했습니다. 마라에 이르러 물을 발견했지만 써서 먹지 못하자 백성들은 모세를 원망합니다. 이에 모세가 기도하자, 하나님께서 한 나무를 지시하셨습니다. 그것을 물에 던지자 물이 달아졌지요. 나무에 물의 쓴맛을 없애는 성분이 있었던 것일까요? 아닙니다. 하나님께서 모세의 믿음과 순종함을 보고 하나님의 공간을 입혀 창조 역사를 베푸신 것입니다.

우리 교회에도 이런 창조 역사가 나타나 살아 계신 하나님께 큰 영광을 돌렸습니다. 서울에서 무안 만민교회의 짠물을 단물로 바꿔 주시라고 기도했는데 그대로 응답이 된 것입니다.

전남 무안군 해제면에 위치한 무안 만민교회는 사면이 바다로 둘러싸여 지하수를 파도 바닷물이 유입되어 짠물만 나왔습니다. 3킬로미터쯤 떨어진 지역에 파이프라인을 설치하여 물을 공급받았지만 여전히 식수가 부족하였습니다. 성경에 기록된 마라의 표적을 믿음으로 바라본 무안 만민교회 성도들은 바닷물도 마실 수 있는 단물로 바뀔 수 있음을 믿고 기도했습니다. 그리고 저에게 무안에 내려와 짠물이 단물이 되도록 기도해 줄 것을 수 차례 요청했지요.

2000년 2월, 저는 10일간 산상 기도를 하던 중 특별히 무안 만민교회를 위해 기도했습니다. 그동안 무안 만민교회에서도 성도들이 작정하여 릴레이 금식을 하며 교회와 목자를 위해 기도하였는데, 10일 동안 날마다 성전 하늘 위에 원형 무지개가 나타났다고 합니다.

산상 기도를 마치고 내려온 저는 3월 4일, 성령의 주관을 받아 무안의 짠물이 단물로 변하게 해 달라고 기도했습니다. 제가 직접 무안에 가서 기도한 것이 아니었지만 하나님께서는 천 리 밖에 있는 그곳에 시공간을 초월한 역사를 베풀어 짠물을 단물로 변화시켜 주셨습니다.

저의 기도와 무안 만민교회 성도들의 믿음이 하나님 보시기에 합당한 공의가 되어 놀라운 창조 역사를 낳은 것입니다. 지금도 무안 만민교회에 있는 지하수에서는 짠물이 아닌 단물이 솟아납니다. 창조주 하나님의 공간이 입혀졌기 때문입니다. 무안단물은 음료 개념에서 실시된 미국 FDA 검사 결과 안전하고 우수함을 확인했을 뿐 아니라 많은 치료 역사가 나타나 단물터에 순례의 발길이 끊이지 않고 있습니다.

하나님 공간에서는 죽은 것도 살아나고

하나님의 공간에서는 창조의 역사뿐 아니라 생사를 주관하는 역사도 일어납니다. 죽은 것을 살리고 살아 있는 것을 죽일 수도 있습니다. 식물이든 동물이든 생명 있는 것은 모두 해당합니다.

민수기 17장에 나오는 아론의 싹난 지팡이 사건도 하나님의 공간이 입혀졌기에 가능한 일이었습니다. 약 하루 정도의 시간에 마른 나무 지팡이에서 움이 돋고 꽃이 피어서 살구 열매가 열렸지요. 살아 있는 나무라 해도 몇 달이 걸려야 될 일이 하루 만에 이루어진 것이나, 생명 없는 마른 지팡이에 열매가 맺힌 것은 하나님의 공간이 입혀졌기 때문입니다. 예수님이 무화과나무를 저주하자 이내 말라죽은 것도 하나님의 공간이 입혀져 이루어진 일입니다.

"길가에서 한 무화과나무를 보시고 그리로 가사 잎사귀밖에 아무것도 얻지 못하시고 나무에게 이르시되 이제부터 영원토록 네게 열매가 맺지 못하리라 하시니 무화과나무가 곧 마른지라 제자들이 보고 이상히 여겨 가로되 무화과나무가 어찌하여 곧 말랐나이까" (마 21:19~20)

예수님께서 나사로를 살리신 일도 그렇습니다. 요한복음 11장을 보면 죽은 지 나흘이 되어 썩은 냄새가 나는 상태인데, 예수님이 부르시자 나사로의 영혼이 돌아올 뿐 아니라 이미 썩어 들어가던 몸이 재생되었지요. 이처럼 육의 공간에서는 회복 불능의 상태일지라도 하나님의 공간에서는 순간에 회복될 수 있습니다.

우리 교회의 한 학생은 한쪽 눈의 시력을 완전히 잃었는데, 다시 볼 수 있게 됐습니다. 그는 세 살 때 왼쪽 눈 백내장 수술을 받았는데, 후유증으로 심한 포도막염과 망막 박리 현상이 생겼습니다. 망막 박리 현상이란, 망막이 안구벽에서 들뜸으로 인해 제대로 보이지 않는 현상입니다. 게다가 안구가 쪼그라드는 안구 위축증까지 진행되고 있었습니다. 결국 2006년에 왼쪽 눈을 완전히 실명했습니다.

그런데 2007년 7월, 저의 기도를 받고 시력을 되찾았습니다. 빛조차 감지하지 못했던 왼쪽 눈의 시력이 0.1이 되었으며, 쪼그라든 안구도 정상 크기로 회복되었습니다. 뿐만 아니라 0.1이었던 오른쪽 눈의 시력도 0.9로 현저히 좋아졌습니다. 이 사례는 41개국 220명의 의사들이 노르웨이에 모여 진행한 2008년 제5회 국제 기독의학 콘퍼런스에 상세한 병원 자료와 함께 소개되었고, 가장 큰 호응을 받은 사례로 꼽히기도 했습니다.

다른 기관의 조직이나 신경도 마찬가지입니다. 사고나 질병으로 이미 신경이 마비되고 세포 조직이 죽었다 해도, 하나님의 공간이 입혀지면 정상이 될 수 있습니다. 각종 지체장애도 하나님의 공간에서는 얼마든지 정상으로 회복될 수 있는 것입니다. 또한 암, 에이즈, 결핵, 감기, 열병 등 균이나 바이러스에 의한 질병 역시 하나님의 공간에서는 얼마든지 정상으로 회복될 수 있습니다.

이런 경우에는 먼저 성령의 불이 임하여 균이나 바이러스를 태웁니다. 그리고 질병으로 손상된 조직이 하나님의 공간에서 다시 생성되이 완치되는 것입니다. 불임 부부의 경우도 하나님의 공간이 입혀짐으로 문제가 있던 부분이 온전케 되면 정상적으로 잉태할 수 있습니다. 이렇게 하나님의 공간에서 질병과 연약함을 치료받기 위해서는 각자가 하나님의 공의에 합당해야 합니다.

시공(時空)을 초월한 역사

하나님의 공간에서 나타나는 권능의 역사는 시간과 공간을 초월하여 이루어집니다. 그것은 하나님의 공간이 다른 차원들을 포함하며, 또한 초월하기 때문입니다. 시편 19편 4절에 "그 소리가 온 땅에 통하고 그 말씀이 세계 끝까지 이르도다" 했습니다. 이는 넷째 하늘에 계신 하나님께서 말씀하시는 소리가 온 세계 끝까지 이른다는 의미입니다.

첫째 하늘, 곧 육의 공간에서 아무리 먼 곳도 하나님의 공간 개념으로 볼 때는 바로 옆과 같습니다. 빛은 1초에 지구 일곱 바퀴 반을 돈다고 합니다. 하나님의 권능의 빛은 지구뿐만 아니라 우주 끝에도 순간에 이를 수 있습니다. 육적인 거리의 멀고 가까움은 하나님의 공간에서는 의미가 없는 것입니다.

마태복음 8장에 보면, 한 백부장이 예수님께 나아와 자기 하인의 중풍병을 고쳐 주실 것을 구합니다. 예수님께서 그의 집에 가려고 하시자, 백부장은 "주여 내 집에 들어오심을 나는 감당치 못하겠사오니 다만 말씀으로만 하옵소서" 합니다. 이에 예수님께서 백부장에게 "가라 네 믿은 대로 될지어다" 하시니 그 시로 하인이 나았습니다.

예수님은 하나님의 공간을 소유하신 분이므로 이처럼 말씀으로만 명하셔도 그 시로 멀리 떨어진 곳의 병자가 온전히 고침을 받았습니다. 백부장에게 이러한 축복이 임한 것은 그가 예수님께 대한 온전한 믿음을 내보였기 때문입니다. 예수님께서도 "이스라엘 중 아무에게서도 이만한 믿음을 만나보지 못하였노라" 하시며 백부장의 믿음을 칭찬하셨습니다.

하나님께서는 온전한 믿음으로 하나 된 자녀에게는 어제나 오늘이나 변함없이 시공을 초월하는 권능의 역사를 베풀어 주십니다. 파키스탄의 신시아는 대장 폐쇄와 셀리악병(소아만성소화장애증)으로 죽어 가고 있었습니다. 마침 한국에 머물던 언니가 신시아의 사진을 가지고 와 제게 기도를 받았는데 시공을 초월한 역사가 나타나 살아났습니다. 미국에 사는 로버트 존슨 선교사도 시공을 초월한 기도로 응답을 받았습니다. 그는 사고로 아킬레스건이 파열되고 극심한 통증으로 걸을 수가 없었는데, 어떠한 병원 치료도 받지 않고 오직 시공을 초월한 기도를 통해 완전히 정상으로 회복되었습니다. 바로 이것이 하나님의 공간에서 이뤄지는 권능의 역사입니다.

희한한 능을 나타낸 사도 바울

사도행전 19장에 보면 하나님께서 사도 바울의 손으로 희한한 능을 행하게 하셨다고 했습니다. 그가 예수 그리스도의 이름으로 명할 때 악귀가 나가는 것은 물론, 그의 몸에 지녔던 손수건이나 앞치마를 통해서도 치료의 역사가 나타났습니다. 또 독사에 물려도 아무런 해를 받지 않았고, 앞일을 예언할 수 있었습니다.

"하나님이 바울의 손으로 희한한 능을 행하게 하시니 심지어 사람들이 바울의 몸에서 손수건이나 앞치마를 가져다가 병든 사람에

게 얹으면 그 병이 떠나고 악귀도 나가더라"(행 19:11~12)

이처럼 하나님의 공간에서는 손수건을 통해서도 권능의 역사가 나타납니다. 얼마나 희한한 일입니까. 제가 기도해 준 손수건을 통해서도 이러한 치료의 역사가 많이 나타나고 있는데 시간이 아무리 흘러도, 하나님의 공의에 합당하면 그 권능은 사라지지 않습니다. 그러므로 하나님의 권능이 담긴 손수건은 언제 어디서든지 하나님의 공간을 열 수 있는 너무나 소중한 것입니다.

단, 믿음이 없이 불경건하게 사용할 때에는 아무런 역사도 나타나지 않습니다. 손수건을 얹고 기도해 주는 사람뿐만 아니라, 기도를 받는 사람도 공의에 합당해야 합니다. 하나님의 권능이 담겨 있음을 의심 없이 믿어야 하는 것입니다. 따라서 손수건으로 기도하는 사람의 믿음과 기도받는 사람의 믿음이 정확하게 측정되어 하나님의 공의에 합한 만큼 역사가 나타납니다.

해와 달을 멈추게 한 여호수아

고차원이 저차원을 다스리고 정복할 수 있는 이유는 빛의 세기와 시간의 흐름이 다르기 때문입니다. 고차원의 공간으로 갈수록 영적인 빛이 밝고 시간의 흐름이 빠르지요. 넷째 하늘의 빛이 가장 밝고 다음으로 셋째, 둘째 하늘 순입니다.

시간의 흐름 역시 첫째 하늘보다는 둘째 하늘이 빠르고 셋째 하늘은 더 빠릅니다. 넷째 하늘은 시간의 흐름이 더 빠를 수도 있고 느릴 수도 있습니다. 하나님께서 마음에 품으시는 대로 자유롭게 운용할 수 있기 때문입니다. 시간을 늘릴 수도 있고, 줄일 수도 있으며, 멈추게 할 수도 있습니다.

앞서 설명한 창조의 역사나 죽은 것이 살아나는 역사, 시공을 초월한 역사는 멈춤의 시간 동안 이뤄진 것입니다. 그래서 마음에 품거나 입술로 내는 순간 즉시로 역사가 나타났습니다.

여호수아가 아모리 족속과 전쟁할 때 해와 달이 멈춘 경우는 '늘어난 시간의 흐름'에 해당합니다. 여호수아 10장 13절에 보면 '태양이 중천에 머물러서 거의 종일토록 속히 내려가지 아니하였다' 했습니다. 이 일은 여호수아가 가나안 땅을 정복할 때 아모리 족속과의 전쟁 시 일어났습니다. 첫째 하늘에서 종일 해가 멈추려면 무슨 일이 일어나야 할까요?

지구는 매일 한 바퀴씩 자전하는데 해가 멈추려면 지구가 자전을 멈추어야 합니다. 만일 자전하는 지구가 잠시만 멈춘다 해도 지구는 물론 천체에 막대한 영향을 끼치게 됩니다. 그런데 어떻게 종일 해가 멈출 수 있었을까요?

바로 하나님의 공간에서 해답을 찾을 수 있습니다. 하나님께서는 그 순간 지구뿐 아니라 첫째 하늘 전체를 하나님의 공간으로 입히셨습니다. 그 순간만큼은 첫째 하늘의 모든 것이 영의 시간 흐름을 탄 것입니다. 늘어난 시간의 흐름입니다. 종일 해가 멈추어 오랜 시간이 흐른 것처럼 느껴질 수 있지만, 정작 흐른 시간은 1분이나 1초에 불과할 수도 있습니다.

이때는 첫째 하늘 전체가 영의 시간 흐름을 탔기에 육의 시간은 의미가 없습니다. 만일 첫째 하늘 전체가 아니라 부분적으로 하나님의 공간이 입혀진다 해도 아무런 문제가 없습니다. 나머지 육의 공간은 육의 시간의 흐름을 적용하기 때문입니다.

왕의 마차보다 빨리 달린 엘리야

성경에는 줄어든 시간의 흐름을 탄 경우도 있지요. 바로 열왕기상 18장에 나오는 엘리야가 왕의 마차보다 앞서 달릴 때의 일입니다. 줄어든 시간의 흐름은 늘어난 시간의 흐름과 반대입니다. 만일 육의 시간으로 한 시간 동안 하나님의 공간이 입혀졌다고 합시다. 하나님의 공간에서는 그 시간을 원하는 대로 줄일 수 있지요. 30분으로 줄였다면 나머지 30분이 없어진 것은 아닙니다. 한 시간이 30분으로 압축된 것입니다.

비유를 들면, 백 미터 길이의 천을 펴 놓고 이 끝에서 저 끝까지 달리는데 20초가 걸렸다고 합시다. 그러면 천을 절반으로 접으면 몇 초가 걸릴까요? 50미터 길이이니 약 10초가 걸릴 것입니다. 이렇게 천을 접을수록 길이가 짧아지고 시간은 단축되는 것입니다. 이 경우 시간은 줄었지만 천의 일부가 사라진 것은 아니지요.

하나님의 공간에서 시간의 흐름을 줄이는 것도 이와 같은 원리입니다. 그래서 엘리야는 자기 속도로 달렸으되 줄어든 시간의 흐름을 탔기에 왕의 마차보다 빨리 갈 수 있었던 것입니다. 보통 여객기는 약 850~900km로 날아가지만 그 안에 타고 있는 사람은 얼마나 빠른지 느끼지 못하는 것과 같습니다.

"여호와의 능력이 엘리야에게 임하매 저가 허리를 동이고 이스르엘로 들어가는 곳까지 아합 앞에서 달려갔더라"(왕상 18:46)

아합 왕의 마차가 비를 피하고자 갈멜 산에서 급히 내려가는데 엘리야가 마차를 앞서 달려갑니다. 이처럼 엘리야가 마차보다 빨리 달릴 수 있었던 것은 바로 시간과 공간의 제약이 없는 하나님의 공간을 활용했기 때문입니다. 성경은 이를 가리켜 '여호와의 능력이 엘리야에게 임하매'라고 기록하고 있습니다. 하나님의 능력이 임하니 그 순간 엘리야의 몸이 하나님의 권능으로 감싸여 인간의 한계를 넘어선 일이 발생한 것입니다.

공간 이동을 체험한 사람들

사도행전 8장에 나오는 빌립 집사는 성령의 지시를 받아 예루살렘에서 가사로 가는 광야 길에서 에디오피아 내시를 만났습니다. 빌립은 내시에게 예수 그리스도의 복음을 전하고 물가에서 세례를 주었습니다. 그 후 가사로 가는 광야에 있던 빌립이 아소도라는 도시에 나타납니다. 이는 순간 이동을 했기 때문에 가능한 일이었습니다.

"둘이 물에서 올라갈새 주의 영이 빌립을 이끌어 간지라 내시는 흔연히 길을 가므로 그를 다시 보지 못하니라 빌립은 아소도에 나타나 여러 성을 지나 다니며 복음을 전하고 가이사랴에 이르니라"
(행 8:39~40)

이처럼 순간 이동을 하려면 하나님의 공간으로 형성된 영의 통로를 거쳐야 합니다. 그 영의 통로 안에서의 시간의 흐름이 멈춤 상태가 되면 순간 이동이 가능하지요.

하나님께서는 우리 교회에도 이러한 영의 공간 이동을 간접적으로 체험하게 하셨습니다. 바로 잠자리를 통해서이지요. 하나님의 공간으로 형성된 영의 통로를 통해 다른 지역에 있는 잠자리들이 우리가 있는 곳에 나타났다 사라졌습니다. 이때 형성된 영의 통로에 따라 수평 이동, 또는 수직 이동의 형태로 나타납니다. 잠자리의 공간 이동이 처음으로 시작된 것은 2006년이었습니다.

하계 수련회를 하고 있었는데 그 장소에 수많은 잠자리가 나타나 모기 등 해충을 소탕해 주었습니다. 이때의 잠자리는 다 자란 성충이 이곳저곳에서 공간 이동을 해 온 경우였습니다. 그 후 수천, 수만 마리의 잠자리 떼가 성전 주변을 날아다녔을 뿐 아니라 전국 지교회를 비롯하여 성도 가정이나 일터에도 나타났습니다. 해외에 있는 교회와 성도들에게도 마찬가지였지요.

더욱 신기한 것은 성도들이 손가락을 내밀며 잠자리를 부르면 무서워하지 않고 손끝이나 몸 이곳저곳에 사뿐히 내려앉는다는 점입니다. 잠자리는 모기 등 해충을 잡아먹기에 여름철에 매우 고마운 존재입니다. 제가 어린 시절만 해도 시골에서 잠자리를 잡기가 어려웠습니다. 조금의 기척이라도 느끼면 순간에 날아가기 때문이지요. 또 근래에는 가을이 되어도 서울 하늘에서 잠자리 구경하기가 어려웠기에 잠자리 떼의 출현은 분명한 하나님의 역사입니다.

다음 해인 2007년에는 특이하게도 7월 초부터 잠자리 떼가 나타났습니다. 잠자리는 주로 한 여름 이후 가을에나 나타나는데 하나님의 주관 안에 아직 유충이던 잠자리들이 영의 통로를 통과하는 동안 성충으로 자란 것입니다. 4차원 공간을 지나는 동안 성장 속도가 빨라진 것이지요. 그래서 원래 잠자리 출현 시기보다 더 빨리 나타날 수 있었습니다.

게다가 2008년에는 잠자리가 나타나고 사라지는 시기뿐 아니라 숫자까지 조절이 됐습니다. 7월 첫 주부터 잠자리가 하늘에서 끝없이 쏟아져 내려왔습니다. 7, 8월에 강원도, 전라도 등에서 선교회별로 수련회가 열렸는데 성도들은 수많은 잠자리 떼가 해 주변에서 수직으로 내려오는 장면을 목격할 수 있었습니다. 잠자리들은 다른 곳으로 가지 않고 성도들의 손과 얼굴, 옷 등에 몇 마리씩 내려와 앉았습니다.

마침 '영의 공간'을 주제로 열린 수련회였기에 성도들의 기쁨은 말할 나위가 없었습니다. 영의 공간에서 나오는 잠자리를 직접 체험함으로써 말씀을 이해할 수 있었던 것입니다. 이 체험은 성도들의 믿음이 한층 더 성장하는 계기가 되었습니다. 국내는 물론 전 세계에 있는 지교회도 마찬가지였습니다.

2009년 여름에도 동일한 역사가 나타났습니다. 각 선교회 별로 하계 수련회가 진행되었는데 1년 전보다 더욱 많은 잠자리 떼가 출현하였습니다. 성도들은 태양 주변에서 열린 영의 공간을 통해 수만 마리의 잠자리들이 쏟아져 내려오는 모습을 보았습니다. 하늘에서 반짝이며 내려오는 모양이 마치 새하얀 눈송이가 쏟아지는 것 같았지요.

출애굽한 이스라엘 백성들이 바람으로 갈라진 홍해를 건널 때도 그곳은 영의 통로가 형성되었습니다. 바다를 가를 정도의 바람이라면 그 세기가 얼마나 크겠습니까? 사람이 서 있기도 힘들 것입니다. 그런데 약 200만 명의 이스라엘 백성이 그 바람 속을 유유히 걸었습니다. 이는 바람을 완전히 차단해 주는 영의 통로가 그곳에 형성되었기 때문입니다. 그러면 가나안 땅에 들어가기 위해 요단강을 건널 때는 어떻게 된 것일까요?

"(요단이 모맥 거두는 시기에는 항상 언덕에 넘치더라) 궤를 멘 자들이 요단에 이르며 궤를 멘 제사장들의 발이 물가에 잠기자 곧 위에서부터 흘러내리던 물이 그쳐서 심히 멀리 사르단에 가까운 아담읍 변방에 일어나 쌓이고 아라바의 바다 염해로 향하여 흘러가는 물은 온전히 끊어지매 백성이 여리고 앞으로 바로 건널새"(수 3:15~16)

이스라엘 백성이 도착한 강의 지점을 중심으로 위쪽은 물이 쌓이고, 아래쪽은 흘러갔습니다. 이때는 영의 공간이 일종의 댐과 같은 형태로 그곳에 형성된 것입니다.

영의 통로를 활용한 다양한 사례

영의 통로를 잘 활용하면 기후 조절도 얼마든지 할 수 있습니다. 만일 가뭄과 홍수로 어려움을 겪는 곳이 있다고 합시다. 이때 홍수 지역의 비구름을 영의 통로로 이동시켜 가뭄 지역에 보낸다면 두 지역 모두 문제가 해결될 수 있지요.

이스라엘에 내린 비가 그 대표적인 경우입니다. 2009년 9월, 이스라엘 성회를 위해 준비하면서 기도한 내용이 있습니다. 이스라엘은 최근 5년간의 심각한 가뭄으로 큰 어려움을 겪고 있었습니다. 이스라엘 목회자들이 제게 이 소식을 전하며 기도 요청을 했습니다.

물론 국가적인 기도 제목에 응답을 받으려면 공의에 합당한 조건을 갖추어야 합니다. 나라의 대통령이나 머리 되시는 분이 직접 기도 요청을 하거나 국민 대다수가 믿음으로 기도를 요청해야 하지요. 그러나 저는 안타까운 마음에 성회 첫째 날과 둘째 날 이스라엘의 가뭄 해소를 위해 비를 내려 주실 것을 간절히 기도했습니다.

그 결과 어떻게 되었을까요? 이스라엘의 기후는 건기와 우기의 구분이 뚜렷합니다. 9월은 건기로서 비가 오는 경우가 극히 드물며, 10월부터 비가 조금씩 오기 시작하고 본격적으로 오는 것은 12월부터 이듬해 2월까지라고 합니다. 이런 이스라엘에 가뭄이 계속되어 갈릴리 호수 수위가 더 이상 취수를 하기 어려운 수준(lower red line인 마이너스 208미터)까지 낮아질 정도였습니다.

그런데 이스라엘 성회가 끝나고 그다음 날 이스라엘 북부 지역에 비가 왔다고 합니다. 그리고 9월 13일 주일에는 예루살렘과 텔아비브 지역에 꽤 많은 비가 내렸다고 하지요. 그곳의 목회자들은 저의 기도로 비가 왔다며 하나님께 영광 돌렸습니다. 그뿐만이 아닙니다. 그 다음 주에도 이어서 많은 비가 내렸는데 이는 9월 20일 이스라엘 수자원청에서 "단 2일 동안의 강수량이 9월과 10월의 평균 강수량을 합한 것과 동일하다"라고 발표할 정도였습니다. 공의로 보면 도저히 있을 수 없는 일이지만 하나님께서는 공의를 뛰어넘는 사랑의 기도를 들으시고 이처럼 비를 내려 주신 것입니다.

또 해마다 지구촌 곳곳에서 태풍으로 인한 막대한 피해 소식이 들려옵니다. 태풍 역시 영의 통로를 통해 사람이 살지 않는 곳으로 이동시킨다면 아무 걱정이 없을 것입니다.

2001년 9월, 필리핀 마닐라에서 집회를 할 때의 일입니다. 당시 16호 태풍 '나리'와 19호 태풍 '레기마'가 필리핀 가까이에 근접하고 있었습니다. 예상 진로대로라면 야외에서 집회를 할 수 없는 상황이었습니다. 집회 전 기자 회견에서 어느 기자는 태풍이 두 개나 오는데 집회가 가능한지 물었습니다.

그때 저는 "오는 태풍도 소멸되거나 다른 곳으로 방향을 바꿔 이동할 것입니다. 집회 기간 동안에는 태풍도, 비도 오지 않을 것이니 지켜봐 주세요."라고 답변했습니다. 곧바로 태풍 '나리'는 소멸됐고, 태풍 '레기마'는 진로를 급선회한 것을 현지 뉴스를 통해 볼 수 있었습니다. 맑은 날씨 가운데 집회를 개최하였던 것은 물론입니다.

이러한 태풍뿐만 아니라 화산 폭발이나 지진 등 천재지변도 막을 수 있습니다. 화산이나 지진의 진원지를 하나님의 공간으로 입히면 되는데 이러한 모든 역사들은 하나님의 공의에 합할 때 가능합니다. 예를 들어, 국가적인 재해를 막기 원한다면 한 국가의 대표가 기도를 요청하는 것이 공의에 합당합니다. 또한 하나님의 공간이 입혀진다 해도 첫째 하늘의 공의를 완전히 무시할 수는 없습니다. 하나님의 공간이 다시 걷혀질 때 첫째 하늘에 혼란이 생기지 않는 범위 내에서 강도가 조절됩니다. 모든 하늘을 통치하시는 하나님은 사랑과 공의로 다스리기 때문입니다.

공의를 뛰어넘는 사랑의 차원

창세기 18장에는 하나님께서 소돔과 고모라 성에 악이 관영하자 아브라함에게 미리 앞일을 알려 주시며 아브라함의 간구에 응답하시는 장면이 나옵니다.

"여호와께서 또 가라사대 소돔과 고모라에 대한 부르짖음이 크고 그 죄악이 심히 중하니 내가 이제 내려가서 그 모든 행한 것이 과연 내게 들린 부르짖음과 같은지 그렇지 않은지 내가 보고 알려 하노라"(창 18:20~21)

소돔과 고모라 성에는 아브라함의 조카 롯이 살고 있었기 때문에 아브라함을 생각하여 미리 알려 주신 것입니다. 공의의 법칙상 어차피 소돔과 고모라는 심판을 받아야 하는 상황이었지만 그럼에도 어찌하든 한 번이라도 더 기회를 주시고자 한 하나님의 마음이 담겨 있습니다. 이것이 하나님의 사랑이요, 공의입니다.

그러자 아브라함은 하나님 앞에 다섯 번이나 거듭하여 소돔 성을 위해 간구하였습니다. 처음에는 의인 오십 인이 있으면 그로 인해 소돔을 멸하지 마실 것을 간구하였고 다음에는 사십오 인, 사십 인, 삼십 인, 이십 인, 마침내는 십 인까지 내려가지요.

"아브라함이 또 가로되 주는 노하지 마옵소서 내가 이번만 더 말씀하리이다 거기서 십 인을 찾으시면 어찌 하시려나이까 가라사대 내가 십 인을 인하여도 멸하지 아니하리라"(창 18:32)

거룩하신 하나님 앞에 피조물의 입장에서 이러한 청을 할 수 있었던 것은 아브라함이 그만큼 주님의 마음을 닮아 하나님과 하나 되었음을 나타내 줍니다. 어찌하든 하나님의 마음을 움직여서 그들을 살리고자 하는 간절한 사랑으로 간청하니 하나님께서 감동을 입으시고 그의 요청대로 들어주겠다고 약속하십니다.

하나님께서는 공의의 선을 벗어나지 않는 범위 내에서 사랑으로 역사하시는 분입니다. 그래서 소돔과 고모라를 심판하실 때도 긍휼과 자비를 베풀기 원하셨고 의인 아브라함의 간구를 통해 하나님은 공의를 뛰어넘는 사랑의 차원에서 그처럼 기회를 주실 수 있었습니다.

비록 소돔과 고모라는 의인 열 명이 없어 심판을 받았지만, 아브라함의 조카 롯과 그의 가족은 구원받을 수 있었습니다. 그 이유는 롯이 하나님의 사랑받는 아브라함의 공간 안에 있었기 때문입니다. 즉 하나님이 아브라함을 지극히 사랑하시기 때문에 그를 생각해서 롯과 가족에게 영의 공간을 입히신 것입니다.

이처럼 하나님의 공간은 오직 하나님의 사랑과 공의 가운데 모든 것이 조절됩니다. 공의를 어기는 것이 아니면서도 공의의 한계가 없는 것과 같습니다. 이러한 공간에서 일어날 수 있는 일을 펼쳐 보이려면 넷째 하늘의 공의에 맞는 마음을 이루어야 합니다. 바로 하나님의 마음과 온전히 하나를 이룰 때 넷째 하늘에 적용되는 공의를 어그러뜨리지 않는 범위 안에서 공의의 한계를 뛰어넘어 하나님의 역사를 베풀 수 있습니다.

문제는 어떻게 하나님의 마음과 온전히 하나를 이루느냐는 것입니다. 그렇게 되기까지는 사람으로서 상상할 수 없는 엄청난 연단을 믿음과 사랑으로 온전히 통과해야 합니다. 넷째 하늘의 공의를 터득하여 하나님의 공간을 활용할 수 있기까지 공의에 합하도록 대가를 치르는 과정을 철저히 밟아야 하지요.

아브라함도 하나님의 벗이라 칭함 받기까지 여러 연단과 시험이 있었습니다. 아브라함이 75세가 되던 해에 하나님께서는 그의 후손을 통해 큰 민족이 형성될 것을 말씀하셨지만, 그로부터 20여 년이 지나도록 아브라함은 자녀를 얻지 못했습니다. 그러다가 그의 나이 99세, 아내 사라의 나이 89세로 이미 잉태할 수 없는 몸이 되었을 때에 하나님께서 비로소 이듬해에 아들을 얻게 될 것을 알려 주십니다.

이는 사람의 생각으로는 도무지 불가능하지만 아브라함이 하나님의 약속을 믿고 의심치 않으니 하나님께서 그의 믿음을 의로 인정하셨고, 결국 그 믿음대로 아들 이삭을 얻습니다. 그런데 이삭이 자라 눈에 넣어도 아프지 않을 만큼 사랑스러울 때에 하나님께서 그를 번제로 드리라고 하십니다. 아브라함은 이미 하나님께서 이삭을 통해 많은 자손이 나올 것을 알려 주셨기 때문에 그를 번제로 드린다 해도 다시 살리실 줄로 믿었습니다. 진정 하나님을 경외했기 때문에 조금도 망설임 없이 독자 이삭을 드렸지요.

이처럼 하나님께서는 모든 연단을 통과한 아브라함을 하나님의 벗이라 칭하시며 믿음의 조상으로 세우셨습니다. 아브라함이 독자 이삭을 바치는 최종 시험을 통과하자 이후로는 자녀, 건강, 물질, 장수의 축복 등 사람으로서 받을 수 있는 모든 복을 받지요.

하나님께서는 아브라함처럼 축복받으며 믿음과 사랑의 간구로 많은 영혼을 구원의 길로 인도하는 참 자녀를 찾으십니다. 하나님의 공간에서 일어나는 창조의 역사, 생사를 주관하는 역사, 시공을 초월한 역사 등을 베푸시는 것도 하나님의 마음을 닮은 참 자녀를 원하시기 때문입니다.

"여호와께서 가라사대 나의 하려는 것을 아브라함에게 숨기겠느냐 아브라함은 강대한 나라가 되고 천하만민은 그를 인하여 복을 받게 될 것이 아니냐 내가 그로 그 자식과 권속에게 명하여 여호와의 도를 지켜 의와 공도를 행하게 하려고 그를 택하였나니 이는 나 여호와가 아브라함에게 대하여 말한 일을 이루려 함이니라"(창 18:17~19)

지금까지 살펴본 하나님의 공간에 대한 기본 원리만 이해해도 우리는 성경에 나타난 일들을 깊이 있게 깨우치며 우리 삶 속에서도 체험할 수 있습니다. 우리가 살아 계신 하나님을 믿고 잃어버린 하나님의 형상을 회복하여 하나님의 참 자녀가 되면 인간의 한계를 넘어서게 됩니다. 그래서 부활하신 예수님께서 승천하시기 전에 마지막 유언처럼 남긴 말씀이 있습니다.

"오직 성령이 너희에게 임하시면 너희가 권능을 받고 예루살렘과 온 유대와 사마리아와 땅끝까지 이르러 내 증인이 되리라"(행 1:8)

우리가 성령을 받고 권능을 받아 주님의 증인이 될 수 있는 지름길은 무엇일까요? 바로 마음의 성결을 이루며 불같이 기도하여 온 영의 사람으로 변화되어 하나님의 공간을 활용하면 됩니다. 나아가 하나님의 공의와 사랑이 온전히 임하여 아름다운 천국 새 예루살렘은 물론, 하나님의 공간까지라도 유업으로 받을 수 있는 복된 그리스도인이 되시기 바랍니다.

하나님의 모습

하나님의 마음을 닮은 참 자녀가 되면 잃어버린 하나님의 형상을 회복할 수 있습니다.
그렇다 해서 사람이 하나님의 모습과 같을 수는 없습니다.
하나님은 형상이 없이 빛으로만 계실 수도 있으며 또한 형상을 입을 수도 있습니다.

"하나님은 어떤 모습일까? 얼마나 큰 형상을 갖고 계실까?"

예수 그리스도를 영접하고 성령을 선물로 받아 하나님을 알아가는 만큼 하나님의 나라인 천국은 물론 하나님의 모습에 대해서도 궁금해집니다. 자녀가 오랫동안 부모와 멀리 떨어져 있다면 늘 그리워하며 생각하듯이, 우리의 깊은 내면에서 창조주 하나님을 찾으며 갈망하는 것입니다.

마태복음 5장 8절에 '마음이 청결한 자는 하나님을 볼 것임이요' 했습니다. 마음이 청결하다는 것은 마음을 허탄한 데 두지 아니하고 오로지 진리 안에서 정결하고 깨끗한 마음을 말합니다. 악이나 무례함은 생각지도 않으며 불의를 기뻐하지 않는 흠도 점도 없는 선한 마음입니다. 이처럼 마음이 청결한 사람이 되면 하나님을 본다 했는데 이는 어떤 의미일까요? 하나님의 실체를 본다는 의미가 아니라 하나님께 구하는 것마다 응답받아 하나님을 만나는 체험을 한다는 뜻입니다.

그렇다 해서 하나님의 모습을 전혀 볼 수 없다는 것은 아닙니다.

하나님의 얼굴을 직접 볼 수 없다는 의미이지요(출 33:20). 하나님을 직접 볼 수 없기에 우리가 영이신 하나님의 모습을 온전히 알 수는 없습니다. 하나님께서 그분의 형상대로 사람을 만드셨다 했으니 다만 우리와 어떤 비슷한 모습이 있을 것이라고 유추해 볼 뿐입니다. 하나님께서 자신의 모습을 계시해 준 성경을 통해 나름대로 느껴보고 상상해 보는 것이지요. 과연 하나님의 모습은 어떠할까요?

인간 경작을 위해 형상을 입으신 하나님

하나님은 영원부터 스스로 계신 완전한 분입니다(출 3:14). 그런데 사람의 한정된 지식으로는 시작이 있어야 하기에 태초라는 단어가 필요했습니다.

"태초에 말씀이 계시니라 이 말씀이 하나님과 함께 계셨으니 이 말씀은 곧 하나님이시니라"(요 1:1)

"태초에 하나님이 천지를 창조하시니라"(창 1:1)

하나님이 천지 만물을 창조할 때 사람을 창조하셨으니 창세기에 나오는 태초는 사람과 관련이 있습니다. 이와 달리 요한복음 1장에 나오는 태초는 창세기보다 훨씬 이전으로 사람과 연관되지 않은 상태입니다.

태초에 하나님이 존재하시던 공간은 우리 눈에 보이지 않는 영의 세계였습니다. 하나님께서는 아름답고 영롱한 빛으로 존재하면서 온 우주 공간을 두루 운행하며 모든 것을 홀로 다스리셨습니다. 그런데 하나님은 신성뿐 아니라 인성도 있었기에 참 자녀를 얻기 위한 인간 경작을 계획하시고 성부, 성자, 성령 삼위일체 하나님으로 존재하기 시작하셨습니다.

바로 그 시점에서 하나의 형상을 입으셨습니다. 창세기 1장 26절에 "하나님이 가라사대 우리의 형상을 따라 우리의 모양대로 우리가 사람을 만들고" 말씀하신 그 형상으로 존재하게 되신 것입니다. 물론 사람과 같은 육의 형체가 아니라 영이신 하나님을 형상화하기 위한 영의 형체였습니다. 천사나 천군, 그룹들도 영의 존재이지만 각각 형체를 갖고 있듯이 하나님께서도 일정한 형태가 없는 모습에서 구체적인 형체로 바꾸신 것입니다.

우리 사람을 위해 형상을 입으신 삼위일체 하나님께서는 인간 경작의 터전이 되는 지구를 만드실 때 이 땅에 친히 내려오셨습니다. 그리고 장차 지구에 필요한 것이 무엇이고 그것을 어떻게 조성해 나가실지를 살핀 후 천지 만물을 창조하기 시작하셨습니다.

하나님의 형상을 따라 창조된 사람

삼위일체 하나님께서는 천지 창조 6일째에 하나님의 형상을 따라 하나님의 모양대로 사람을 만드셨습니다. 이는 단순히 겉모습만 하나님의 형상대로 만들었다는 의미가 아닙니다. 마음도 거룩하신 하나님을 닮은 존재로 지었다는 의미입니다.

그런데 첫 사람 아담의 불순종 이후 사람은 처음 창조될 때의 형상을 잃은 채 점점 죄악에 물들어갔습니다. 아담이 하나님의 형상을 잃어버렸다는 것은 겉모습이 사라졌다는 것이 아니라 하나님의 속성, 곧 거룩한 향을 잃었다는 의미입니다. 사람은 영혼육으로 만들어졌지만 죄의 삯으로 인해 영이 죽게 되니 혼과 육으로 지음받은 짐승과 다를 바 없게 되었습니다.

때가 이르매 하나님께서는 모든 사람이 구원에 이를 수 있도록 예수님을 이 땅에 보내시고 구원의 길을 열어 주셨습니다. 누구든지 예수 그리스도를 영접하면 성령을 선물로 주심으로 죽은 영이 살아나 하나님의 형상을 회복할 수 있게 된 것입니다. 거룩하신 하나님께서는 그의 자녀들도 하나님의 마음을 닮기를 원하십니다. 그래서 "내가 거룩하니 너희도 거룩하라"(벧전 1:16) 권면하시는 것입니다.

하나님은 외모를 취하는 분이 아니라 마음 중심을 보시는 분입니다. 죄를 피 흘리기까지 싸워 버리며 악은 모양이라도 버리면 하나님의 참 자녀가 될 수 있습니다. 빛이신 하나님을 닮아 가는 만큼 잃었던 하나님의 형상을 회복하여 영체로부터 강한 빛이 나옵니다.

요한일서 5장 18절에 "하나님께로서 난 자마다 범죄치 아니하는 줄을 우리가 아노라 하나님께로서 나신 자가 저를 지키시매 악한 자가 저를 만지지도 못하느니라" 했습니다. 오직 하나님의 말씀대로 행하며 범죄치 아니하는 사람은 하나님께서 지켜 주실 뿐만 아니라 그 밝은 빛 때문에 원수 마귀 사단이 감히 접근하지도 못합니다.

하나님께서 세상을 창조하시고 사람을 지으신 목적은 하나님의 형상을 닮은 자녀를 얻는 것입니다. 그러나 창세 이래 모든 사람들이 하나님의 형상을 이룬 것은 아니지요. 아담 이후로 무수한 사람들이 태어났지만 그중에 하나님께서 원하시는 마음을 이룬 사람은 극히 소수에 불과했습니다. 그런 사람들은 하나님과 동행하며 하나님의 영광을 나타내는 삶을 살았지요. 사람이 상상할 수 없는 권능을 행하여 하늘에서 불을 끌어내리기까지 했던 엘리야와 독자 이삭까지도 하나님께 드렸던 믿음의 조상 아브라함, 생명 다한 사랑과 불같은 열정으로 충성했던 사도 바울, 이런 하나님의 사람들이 나올 때마다 하나님께서는 얼마나 기쁘셨겠습니까?

반면에 하나님의 나라에 쓰임 받은 사람 중에서도 '참 하나님의 사람'이라고 할 수가 없는 경우도 있지요. 예를 들어 엘리사 선지자는 엘리야의 곁에서 보고 배웠으며 그보다 갑절의 영감을 받았습니다. 그러나 마음은 엘리야처럼 온전하지는 못했습니다(왕하 2:24). 아이들이 그를 따라다니며 심히 괴롭히자 저주하고 말았지요. 이로 인해 암콤 둘이 나와 아이들을 42명이나 찢어 죽이는 일이 있었습니다. 또 롯은 아브라함의 곁에서 온전한 선을 보았지만 그런 선의 마음을 이루지 못했습니다. 아브라함으로 인해 물질의 축복을 받고 위험한 상황 속에서 생명도 건졌지만 온전한 마음을 이루지는 못했던 것입니다.

물론 엘리사도 놀라운 권능을 많이 행했기에 당시 사람들은 엘리사를 "하나님의 사람"이라 말했습니다. 그러나 이것은 백성 편에서 하나님의 역사를 행하는 선지자를 존중하여 불러 준 것뿐입니다. 참된 하나님의 사람이란, 단순히 하나님의 일을 이루기 위해 한동안 도구로 쓰임 받는 사람이 아닙니다. 정녕 흠도 티도 없이 성결된 마음으로 하나님의 형상을 회복한 사람을 말합니다.

하나님의 얼굴을 직접 볼 수 없기에

아담의 범죄 이후로 첫째 하늘에서는 그 누구도 빛 자체이신 하나님의 얼굴을 직접적으로 볼 수 없게 되었습니다. 하나님은 영이시므로 육안으로는 볼 수 없지요. 더구나 출애굽기 33장 20절에 "내 얼굴을 보지 못하리니 나를 보고 살 자가 없음이니라" 말씀하신 것처럼 죄가 있는 사람이 하나님의 얼굴을 보면 죽을 수밖에 없습니다.

죽음을 보지 않고 들림받은 엘리야도 하나님을 직접 뵈올 수는 없었습니다. 열왕기상 19장 12~13절에 "또 지진 후에 불이 있으나 불 가운데도 여호와께서 계시지 아니하더니 불 후에 세미한 소리가 있는지라 엘리야가 듣고 겉옷으로 얼굴을 가리우고 나가 굴 어귀에 서매 소리가 있어 저에게 임하여 가라사대 엘리야야 네가 어찌하여 여기 있느냐" 말씀하십니다. 엘리야는 하나님의 세미한 소리만 듣고도 얼굴을 들지 못한 채 겉옷으로 가렸던 것입니다.

사사기 13장 22절에는 삼손의 부친 마노아가 여호와의 사자를 보고도 그 아내에게 "우리가 하나님을 보았으니 반드시 죽으리로다" 말합니다. 이사야 선지자 역시 "그때에 내가 말하되 화로다 나여 망하게 되었도다 나는 입술이 부정한 사람이요 입술이 부정한

백성 중에 거하면서 만군의 여호와이신 왕을 뵈었음이로다"(사 6:5)
말합니다. 심지어는 하나님을 위해 구별된 장소나 물건조차 정한
규례 외에 범접할 경우에도 죽음을 면치 못했습니다. 여호와의 궤
를 들여다보다가 벧세메스 사람이 죽게 된 사건이 그렇습니다(삼상
6:19).

이처럼 하나님의 얼굴을 사람들이 직접 대하면 죽을 수밖에 없기
에 하나님께서는 간접적으로 자신을 나타내 보이셨습니다. 떨기나
무 불꽃 가운데 자신을 나타내시는가 하면 불 가운데, 구름 가운
데 나타내셨습니다. 때로는 홍해가 갈라지고 해와 달이 멈추는 등
의 기사로, 또 앉은뱅이가 일어서고 소경이 눈을 뜨며 귀머거리가 듣
고 벙어리가 말하며, 죽은 자가 살아나는 등의 갖가지 표적으로 나
타내셨지요.
또한 하나님께서는 자기 형상을 예수님을 통해 입증해 주셨습니다.
"그는 보이지 아니하시는 하나님의 형상이요 모든 창조물보다
먼저 나신 자니"(골 1:15)
"본래 하나님을 본 사람이 없으되 아버지 품속에 있는 독생하신
하나님이 나타내셨느니라"(요 1:18)
"나를 본 자는 아버지를 보았거늘 어찌하여 아버지를 보이라 하
느냐"(요 14:9)
오늘날 많은 사람이 하나님을 믿는다 하면서도 진정 하나님은
어떤 분이신지 알지 못하고 그 마음과 뜻을 헤아리지 못하는 경우

가 많습니다. '내가 믿는 하나님은 이러한 분이다'라고 자신의 신앙의 틀 속에서만 하나님을 바라보고 있는 것입니다. 마치 우물 안의 개구리가 자기 눈에 보이는 동그란 하늘이 전부인 줄로 착각하는 것과 같습니다. 그래서 아버지 하나님과 더 큰 사랑을 나누지 못하고, 오히려 하나님의 큰 사랑을 받는 사람들을 보면 이상히 여기는 것입니다.

하나님의 형상으로 나타나신 예수님

그러면 예수님은 왜 "나를 본 자는 아버지를 보았다"고 말씀하시는 것일까요? 예수님은 아버지 하나님 안에 있고, 또한 하나님은 예수님 안에 계심으로 예수님과 하나님이 온전히 하나이시기 때문이지요. 그래서 예수님께서 하시는 말씀도 스스로 하시는 것이 아니라 예수님 안에 계신 아버지 하나님께서 주시는 말씀이라는 것입니다.

"내가 내 자의로 말한 것이 아니요 나를 보내신 아버지께서 나의 말할 것과 이를 것을 친히 명령하여 주셨으니 나는 그의 명령이 영생인 줄 아노라 그러므로 나의 이르는 것은 내 아버지께서 내게 말씀하신 그대로 이르노라"(요 12:49~50)

"큰 무리가 절뚝발이와 불구자와 소경과 벙어리와 기타 여럿을 데리고 와서 예수의 발 앞에 두매 고쳐 주시니 벙어리가 말하고 불구자가 건전하고 절뚝발이가 걸으며 소경이 보는 것을 무리가 보고 기이히 여겨 이스라엘의 하나님께 영광을 돌리니라"(마 15:30~31)

이처럼 예수님께서 말씀으로 아버지를 증거하시면 하나님께서는 기사와 표적, 희한한 능과 기이한 일들로 하나님의 전지전능하심을 확실히 나타내 주셨습니다. 그러니 예수님을 믿고 따랐던 사람들은 자연히 하나님의 능력을 볼 수 있었고, 결국은 하나님께 영광을 돌리게 되었던 것입니다. 그러나 믿지 못하는 많은 무리들은 예수님을 떠나 뿔뿔이 흩어져 버린 것을 볼 수 있지요. 자기의 이론과 생각에 맞지 않으니 하나님의 놀라운 역사를 보면서도 믿지 못했던 것입니다.

예수님은 아버지 하나님과 온전한 하나를 이루셨기에 십자가 구원의 섭리를 완성하기 위한 그 험난한 길도 가실 수 있었습니다. 아무리 그 길이 고난의 길이라 해도 죄에 빠진 영혼들을 구원으로 이끄시기 원하는 하나님과 이미 한 마음이었기 때문입니다. 또한 그것을 이루기 위해 자신이 화목 제물이 되어야 한다는 것에 이미 하나님과 뜻이 하나가 되셨기 때문이지요. 그러니 사람이 볼 때는 참으로 어렵고 협착한 길이라 할지라도 예수님께서는 아무 두려움 없이 가실 수 있었던 것입니다.

하나님의 형상을 만들지 말아야 하는 이유

출애굽기 3장을 보면 하나님께서 호렙 산 떨기나무 불꽃 가운데서 모세를 부르셨습니다. 그리고 애굽에서 고통당하는 이스라엘 백성을 약속의 땅 가나안으로 인도하라고 지시하십니다. 하나님께서 떨기나무 불꽃 가운데 나타나신 이유는 무엇일까요?

떨기나무에 불이 붙으면 당연히 나무가 타게 되어 있습니다. 그런데 떨기나무의 불이 사라지지 않은 채 나무도 타지 않는 것은 분명히 기이한 일입니다. 하나님께서는 이를 통해 변치 않고 썩지 않는 영의 세계가 있음을 알려 주신 것입니다. 즉 영과 육의 다름을 통해 영원한 세계를 알려 주며 살아 있는 하나님, 능력의 하나님을 나타내 보이신 것입니다.

뿐만 아니라 옛부터 떨기나무는 저주를 상징하기도 하므로 하나님의 사자가 떨기나무 불꽃 가운데 나타나셨다는 것은 저주받은 떨기나무를 주관하시는 이도 하나님이시요, 하나님의 주권하에 원수 마귀 사단이 굴복하고 있다는 것을 영적으로 나타냅니다. 모세는 40년간의 연단을 통해 하나님께서 원하시는 그릇이 되었고, 하나님께서는 마침내 모세를 부르셔서 이스라엘의 지도자로 삼으셨습니다.

그런데 이후 호렙산 화염 중에 하나님께서 이스라엘 백성에게 자신을 나타내셨을 때 백성은 음성만 들었을 뿐 아무 형상도 보지 못했습니다. 후일 하나님께서는 이러한 사실을 상기시키며 아무 형상도 만들지 말라고 재삼 강조하십니다.

"여호와께서 호렙산 화염 중에서 너희에게 말씀하시던 날에 너희가 아무 형상도 보지 못하였은즉 너희는 깊이 삼가라 두렵건대 스스로 부패하여 자기를 위하여 아무 형상대로든지 우상을 새겨 만들되 남자의 형상이라든지, 여자의 형상이라든지, 땅 위에 있는 아무 짐승의 형상이라든지, 하늘에 나는 아무 새의 형상이라든지, 땅 위에 기는 아무 곤충의 형상이라든지, 땅 아래 물속에 있는 아무 어족의 형상이라든지 만들까 하노라 또 두렵건대 네가 하늘을 향하여 눈을 들어 일월성신 하늘 위의 군중 곧 너희 하나님 여호와께서 천하 만민을 위하여 분정하신 것을 보고 미혹하여 그것에 경배하며 섬길까 하노라"(신 4:15~19)

하나님께서 이렇게 말씀하신 까닭은 무엇일까요? 사람은 자신이 고정된 형상으로 만들어져 있기 때문에 하나님의 형상을 만들고자 하는 속성이 있습니다. 그래서 하나님의 형상을 만들면 한정된 틀에 영의 본질을 국한시켜 버릴까 염려하신 것이지요. 하나님의 형상을 만들 경우 이것이 그분에 대한 이해를 돕는 것이 아니라 오히려 참 형상을 보지 못하게 하고 거짓 형상에 미혹되게 한다는 것입니다. 그러다 보면 하나님이 가장 싫어하시는 우상을 만들어 섬기는 결과를 초래하기도 합니다.

하나님은 영 자체이신데 어떻게 형상으로 만들고 표현할 수 있겠습니까? 그러니 하나님께서는 모습을 보여 달라는 모세의 간청에 직접적인 형상이 아닌 자신의 모든 선한 형상을 보여 주겠다고 약속하십니다.

마치 물이 얼면 얼음이 되고 가열하면 수증기가 되는 것처럼 하나님께서도 본질은 같으나 사람의 속성에 맞추어 이 모양 저 모양으로 자기를 나타내십니다. 육의 한계를 지닌 사람으로 하여금 영이신 하나님을 이해할 수 있도록 역사하시는 것입니다.

하나님 형상의 크기

성경 곳곳에 "주의 눈"(왕상 8:29), "귀"(느 1:6), "손"(사 65:2) 등 하나님의 지체에 대한 표현들이 나오는데, 이는 상징적 표현에 불과할까요? 그렇지 않습니다.

하나님은 아무 형상도 없는 빈 공간처럼 존재하시는 것이 아니라 분명한 실체를 가지고 계십니다. 다만 우리는 영혼육이 있는 형상이지만 하나님은 육이 없는 영 자체의 형상이라는 점이 다르지요. 하나님은 빛 자체의 찬란한 형상이기 때문에 우리가 직접 뵐 수는 없습니다. 게다가 하나님은 첫 사람 아담처럼 형상이 만들어진 후 진리로 채워진 것이 아니라 진리 자체에서 형상을 만들어 내셨다는 점에서 근본적으로 다릅니다.

혹자는 하나님이 광대한 우주 만물을 창조하고 다스리시는 창조주이니 커다란 형상으로 존재하실 것이라고 생각하기도 합니다. 물론 하나님은 엄청나게 큰 형상을 갖고 계시지만 때에 따라 자유자재로 바꾸실 수 있습니다. 따라서 하나님의 형상을 사람의 형상에 맞춰 생각하면 이해할 수 없습니다.

우리가 천국에 가서도 하나님과 근본적으로 차이가 있습니다. 사람은 이 땅에서 육을 입고 경작을 받은 영체이기 때문입니다. 즉 하나님은 형상을 입으실 수도, 그 형상에서 벗어날 수도 있지만 사람은 천국에서도 영원히 고정된 형상이 있습니다. 우리가 석고상을 만들 때 재료 자체로는 어떠한 형상도 만들 수 있지만 이미 만들어진 형상을 다시 원상태로 돌릴 수는 없는 것과 마찬가지입니다.

하나님은 형상이 없이 빛으로만 계실 수도 있으며 또한 형상을 입을 수도 있습니다. 하나님은 넷째 하늘에서는 주로 형상을 입지 않고 빛과 소리로 계시지만 선지자들과 함께하실 때에나 셋째 하늘인 천국에 내려올 때에는 형상을 입으십니다. 이처럼 하나님은 형상을 입어야 할 곳에는 형상을 입고, 입지 않아도 될 때는 입지 않으며 자신의 크기를 마음대로 조절할 수 있는 분입니다.

예를 들어, 넷째 하늘에서는 어떤 물질의 상태가 고체, 액체, 기체 등으로 고정되어 있는 것이 아니라 그 공간을 소유한 하나님의 마음에 품으시는 대로 얼마든지 바뀔 수 있습니다. 그래서 하나님은 원래 어떤 형태가 없는 빛과 소리로 계셨던 분이지만 셋째 하늘에 내려올 때는 구체적인 형상을 입으시는 것입니다.

바로 그 형상을 따라 첫 사람 아담이 만들어진 것이며, 우리가 장차 천국에 가면 뵈올 수 있는 하나님의 형상이지요. 그런데 똑같은 형상을 입어도 넷째 하늘에 계실 때와 셋째 하늘에 계실 때의 모습은 다릅니다. 차원에 따라 나타나는 빛과 영광, 위엄 등 모든 것이 다르기 때문이지요.

이해를 돕기 위해 한 가지 비유를 들면, 아름답게 깎아 놓은 크리스털 조각을 어떤 조명과 분위기 속에 전시하느냐에 따라 크게 달라 보입니다. 그렇듯이 넷째 하늘에 계신 근본 하나님의 영광과 모습이 그보다 아래 차원의 공간에서는 다르게 보인다는 것입니다. 영의 공간에서도 차원에 따라 모습의 차이가 있는데 하물며 하나님께서 육의 공간인 첫째 하늘에 임하실 때에는 그 차이가 더 클 수밖에 없지요.

뿐만 아니라 육의 공간에서 영의 공간을 열어 그 안에 계신 하나님의 모습을 보는 것과, 완전히 제한된 육의 공간을 입고 오신 모습을 보는 것은 다릅니다. 천국에 있는 선지자들이나 천사들은 스스로 제한된 육의 공간을 입을 수 없기 때문에 육의 공간에 나타난다 해도 여전히 영의 공간을 타고 있습니다. 그러나 하나님께서는 모든 공간을 지은 창조주로서 마음에 품는 대로 어떤 차원의 공간이든지 입으실 수 있습니다. 영의 공간을 탄 그대로 육의 공간에 임하실 수도 있고, 육의 공간의 한계를 입어 사람의 눈에 보이는 형상으로 나타나실 수도 있는 것이지요.

영의 통로를 통해 나타나신 하나님

성경을 보면 인간 경작의 역사 가운데 하나님께서 친히 이 땅에 강림하신 장면들이 여러 차례 기록되어 있습니다. 그렇다면 하나님께서는 어떻게 이 땅에 내려오신 것일까요?

"여호와께서 인생들의 쌓는 성과 대를 보시려고 강림하셨더라"(창 11:5)

"시내 산에 연기가 자욱하니 여호와께서 불 가운데서 거기 강림하심이라 그 연기가 옹기점 연기같이 떠오르고 온 산이 크게 진동하며"(출 19:18)

"여호와께서 구름 가운데 강림하사 모세에게 말씀하시고 그에게 임한 신을 칠십 장로에게도 임하게 하시니 신이 임하신 때에 그들이 예언을 하다가 다시는 아니하였더라"(민 11:25)

하나님께서는 시간의 흐름의 변화에 어떠한 구애도 받지 않으실 뿐만 아니라 어차피 육과 영의 모든 공간은 하나님께 속해 있는 공간입니다. 그럼에도 하나님께서는 영의 통로를 통해 내려오셨습니다. 굳이 영의 통로를 거칠 필요 없이 얼마든지 이 땅에 내려오실 수가 있지만 이처럼 강림하신 이유는 바로 스스로도 공의의 법칙을 어기지 않기 위함입니다.

하나님께서 친히 강림하셨을지라도 당시 육의 사람들은 하나님을 뵈올 수 없었습니다. 하지만 영안이 열리고 하나님과 교통하는 사람들은 영으로 들어온 깊이에 따라 하나님을 뵈올 수 있지요. 물론 친히 대면하여 하나님의 형상을 뵐 수 있는 것은 아니라 해도 하나님께서 허락하시는 범위 내에서 하나님을 뵙고 느낄 수 있는 것입니다.

출애굽기 33장 11절에 "사람이 그 친구와 이야기함같이 여호와께서는 모세와 대면하여 말씀하시며"라는 말씀도 직접적으로 하나님의 얼굴을 보았다는 뜻이 아닙니다. 하나님의 영광을 보고도 죽지 않을 만큼 하나님께서 모세에게 특별한 방법으로 자신을 나타내주셨다는 의미입니다. 모세는 누구보다도 온유하였고 온 집에 충성하였기 때문입니다.

출애굽기 33장 18절에 "모세가 가로되 원컨대 주의 영광을 내게 보이소서" 하고 간청하자, 하나님께서는 "나의 모든 선한 형상을 네 앞으로 지나게 하고 여호와의 이름을 네 앞에 반포하리라" 말씀 하십니다. 하지만 출애굽기 33장 23절을 보면 모세가 하나님의 얼굴을 본 것이 아니라 등을 보았다는 것을 알 수 있습니다. 아무리 온유함이 지면의 모든 사람보다 승하고 온 집에 충성한 모세라 해도 육의 몸을 입고 있다는 한계로 인해 하나님의 형상을 친히 뵐 수 없었던 것입니다.

아브라함에게 나타나신 하나님

창세기 18장을 보면 아브라함이 세 사람을 영접하여 극진히 대접하는 장면이 나옵니다. 이는 성령 하나님이 두 천사장과 함께 사람의 모습으로 나타나신 경우입니다. 성령 하나님은 아버지 하나님과 하나이시니 마음에 품는 대로 육의 공간을 입고 사람의 모습으로 나타나실 수 있습니다.

그러면 함께한 두 천사장은 어떻게 사람의 형상으로 나타날 수 있었을까요? 이들은 스스로는 육의 공간을 입을 수 없지만 성령 하나님의 공간 안에서 성령 하나님과 함께했기에 가능했던 것입니다. 하지만 성령 하나님과 두 천사장이 사람의 모습으로 나타났다고 해서 사람과 똑같은 것은 아닙니다. 영체가 육의 공간에서 보이도록 영체 위에 육의 형체를 입은 것이지요.

그리고 세 사람, 즉 성령 하나님과 두 천사장이 아브라함이 대접하는 요리를 먹었는데(창 18:8), 이는 우리 사람이 먹는 것과는 다릅니다. 우리처럼 음식을 씹어서 분해하고 소화하는 과정을 거치는 것이 아니라 먹으면 그대로 흩어져 사라지게 되는 것입니다. 마치 부활하신 주님이 음식을 드시고 호흡을 통해 분해하신 것과 비슷하지요. 물론 잠시 육의 공간을 입은 상태가 부활체와 같은 것은 아닙니다. 부활체는 이 땅에서 경작받은 몸이 신령한 몸으로 변형된 것이지만 세 분은 잠시 필요에 의해서 육의 공간에 적합한 형태의 몸으로 존재했던 것뿐이지요.

성령 하나님께서 두 천사장과 함께 육의 공간을 입은 상태로 이 땅에 내려오셔야 했던 이유는 소돔과 고모라 땅을 친히 살피셔야 했기 때문입니다. 물론 영으로 내려와 살필 수도 있지만 직접 소돔과 고모라 땅의 사람들 속에 들어가서 그들을 대하실 필요가 있었던 것이지요.

두 천사장은 사람과 같은 형상으로 직접 그들 앞에 나타났기 때문에 그들의 패역한 정도를 확인할 수 있었습니다. 그들은 사람의 모습으로 나타난 천사장들의 아름다움을 보고 악을 행하려 했지요. 이처럼 천사장들이 사람의 모습으로 와서 살폈기 때문에 그들의 악을 직접 체험하며 느낄 수 있었던 것입니다.

창세기 18장 13절에 "여호와께서 아브라함에게 이르시되" 하여 아브라함에게 나타나신 분이 여호와임을 알 수 있습니다. 그런데도 "사람 셋을 보았다"고 기록한 이유는 하나님께서 아브라함 앞에 나타나실 때에 어떤 방법과 모습으로 나타나셨는지를 알려 주는 것입니다.

하나님께서 아브라함에게 나타나실 때는 여러 가지 방법이 있었습니다. 꿈이나 이상 중에 만나주시기도 하고 환상이나 음성으로 만나주실 때도 있었지요. 육의 세계에 있는 아브라함 앞에 영의 공간을 열어 보여 주심으로 영의 공간 안에 계시는 하나님을 영으로 만나고 느끼게 해 주신 것입니다. 이런 경우에는 영안이 열리고 영적 귀가 열려야 하나님을 만나고 그 음성을 들을 수 있습니다. 영안이 열리지 않은 사람은 아무리 곁에 함께 있다 해도 영적으로 어떤 일들이 일어나고 있는지 알 수 없습니다.

그런데 하나님께서 두 천사장과 함께 나타나신 경우는 이전과는 전혀 다른 상황이었습니다. 이때는 단지 육의 공간 안에 영의 공간을 열어서 그 안에 계신 모습을 보여 주신 차원이 아니라 직접 육의 공간으로 나오신 경우입니다. 제한적이나마 육의 공간을 입고 육의 공간으로 나오셨다는 말입니다.

마치 이전에는 텔레비전 속에 나오는 하나님의 형상을 뵌 것이라면 이번에는 직접 텔레비전 밖으로 나오신 하나님의 형상을 뵌 것과 같지요. 이렇게 하나님이 제한적인 육의 공간을 입고 나오시면 영안이 열리지 않은 사람에게도 하나님의 모습이 보일 수 있는데 마치 사람의 모습처럼 보이는 것입니다.

강한 광채 속에 계신 주님의 모습

그러면 성자 하나님이신 주님은 어떤 모습일까요? 우리는 꿈 속에서나 환상으로 주님의 모습을 보았다는 얘기를 종종 들을 수 있습니다. 대부분 주님이 자애롭고 사랑이 넘치는 모습이었다고 말하는데 이는 주님 편에서 빛을 거두고 인자의 모습으로 보여 주셨기 때문입니다. 주님께서 창조주 하나님과 동등한 권세를 가진 신성적인 권세와 위엄을 보여 주시면 감히 두려워 똑바로 볼 수가 없습니다.

우리가 이 땅에서 성결되어 모든 사람과 화평함과 거룩함을 좇지 않으면 하늘나라에서 주님을 뵐 수 없는 이유가 바로 이것입니다(히 12:14). 주님의 빛이 너무나 강하기 때문입니다. 영으로, 온 영으로 들어간 사람이라야 그만큼 영체의 빛이 강하기 때문에 주님을 뵐 수 있습니다.

사도 요한은 영안이 열려 환상 가운데 주님의 모습을 보았습니다. 성경에 기록된 주님의 눈과 발, 머리카락 등에 대해 세밀하게 묘사된 모습을 통해 하나님의 섬세한 모습도 느껴 볼 수 있습니다.

"그 머리와 털의 희기가 흰 양털 같고 눈 같으며 그의 눈은 불꽃 같고 그의 발은 풀무에 단련한 빛난 주석 같고 그의 음성은 많은 물소리와 같으며"(계 1:14~15)

여기서 주님의 머리카락을 순백색으로 표현했는데 이는 '악은 모양도 없으며 온전한 선 가운데 계신 분'이라는 의미입니다. "그의 눈은 불꽃 같다"고 표현한 것은 주님의 눈이 무섭다는 것이 아닙니다. 주변을 환하게 밝혀 주며 따사로움을 느끼게 하는 동시에 모든 죄악을 태워 버린다는 의미가 담겨 있습니다. 누구도 주님의 눈을 피할 수 없으며 그 앞에서는 모든 것이 밝히 드러나게 됩니다.

또 주님의 발에 대하여는 "풀무에 단련한 빛난 주석 같다" 말씀합니다. 주석을 풀무에 단련할수록 혼잡물이 없어지고 깨끗해집니다. 흔히 문학 작품에서 사랑하는 여인의 눈을 별빛에 비유하거나, 입술을 앵두에 비유하듯 흠과 티가 없이 아름다운 주님의 발을 풀무에 단련된 주석에 비유한 것이지요. 발은 사람의 신체 중에 가장 더럽게 여기는 부분입니다. 그러나 주님은 발까지도 거룩하여 격조가 있음을 표현한 것입니다.

"그 얼굴은 해가 힘있게 비취는 것 같더라 내가 볼 때에 그 발 앞에 엎드러져 죽은 자같이 되매 그가 오른손을 내게 얹고 가라사대 두려워 말라 나는 처음이요 나중이니"(계 1:16~17)

사도 요한은 계시를 받을 만큼 성결되고 합당한 사람이었지만 이처럼 주님 앞에서는 엎드러져 죽은 자같이 되었습니다. 이러한 요한에게 주님께서는 오른손을 얹으며 두려워 말라 하십니다. 오른손은 주님의 능력을 의미하는 것으로 요한에게 손을 얹어 인치심으로 마지막 때를 깨우기 위한 계시록 말씀을 기록하는 막중한 사명을 주신 것입니다. 또한 요한이 평안한 마음으로 사명을 감당할 수 있도록 위안을 주신 장면입니다.

사도 요한이 본 하나님의 모습

요한계시록 4장에는 사도 요한의 영이 하나님 보좌 주변에서 펼쳐지게 될 광경을 보고 기록한 장면이 나옵니다. 그가 계시록을 기록할 당시로부터 오랜 세월 후에 일어날 일을 본 것입니다. 이처럼 하나님께서 특별히 허락하시면 우리의 영은 시간과 공간을 초월하여 과거든지 미래든지 어느 곳이라도 갈 수 있습니다. 천국과 지옥은 물론 천지 창조 이전도 볼 수 있고 장차 있을 백보좌 대심판의 광경도 볼 수 있지요.

사도 요한은 영이 분리되어 영의 세계를 보고 온 경우입니다. 여기서 영의 분리란 사람의 몸에서 영이 분리되는 현상을 말합니다. 환상의 은사를 통해서도 영의 세계를 볼 수 있지만 이는 부분적으로만 볼 수 있기 때문에 하나님 편에서 전체적인 것을 보여 주고자 하실 때는 영의 분리를 통해 역사합니다.

그렇다면 사도 요한은 어떻게 하나님의 보좌와 하나님의 모습을 볼 수 있었을까요?

그는 90세가 넘도록 주님의 이름으로 많은 핍박과 연단을 받았습니다. 사형 언도를 받고 끓는 기름가마에 던져졌지만 하나님의 뜻 가운데 죽지 않고 살아나 결국 밧모섬에 유배됩니다. 그는 밧모섬에서 깊이 기도하며 하나님께 계시를 받았습니다. 당시 사도 요한은 많은 연단과 깊은 기도를 통해 악은 모양도 없이 성결되었습니다. 이렇게 성결된 상태에서 계시를 받았기에 그의 영이 하나님 보좌 앞에도 갈 수 있었던 것입니다.

"앉으신 이의 모양이 벽옥과 홍보석 같고 또 무지개가 있어 보좌에 둘렸는데 그 모양이 녹보석 같더라" (계 4:3)

하나님의 특별한 섭리 속에서 요한은 하나님 보좌와 하나님을 보았지만 얼굴까지 자세히 볼 수 있는 것은 아니었습니다. 하나님으로부터 발산되어 나오는 빛이 너무나 강렬했기 때문입니다. 우리가 빛나는 태양을 쳐다보면 눈이 부셔서 잘 볼 수 없듯이 영적으로도 어둠이 있으면 빛이신 하나님의 형상을 볼 수 없습니다. 하나님의 형상을 보려면 그만큼 악은 모양이라도 버리고 하나님의 마음을 닮아 온전한 빛이 되어야 합니다. 천국에서도 최소한 3천층 이상에 들어간 사람들만 하나님의 형상을 볼 수 있지요.

사도 요한의 영이 하나님 보좌 앞에 나갔지만 하나님 얼굴 윤곽까지 자세히 볼 수는 없었으므로 단지 앉으신 이의 모양이 벽옥과 홍보석 같다고 표현했습니다.

'벽옥과 같다'고 표현한 것은 하나님으로부터 나오는 빛이 매우 다양함을 나타냅니다. 벽옥에 빛을 비추면 여러 가지 아름다운 빛이 반사되어 나오는 것처럼 하나님으로부터도 다양한 빛이 쏟아져 나오는 것을 벽옥 같다고 표현한 것입니다. 벽옥에는 '청아함, 산뜻하고 티 없이 맑으며 정직하고 의롭다'는 의미가 담겨 있습니다. 사도 요한은 나름대로 이 땅에서 귀하고 아름답게 여기는 보석에 비유하여 표현했습니다.

또한 '홍보석 같다'는 것은 밝고 환하여 불꽃과 같이 아름다운 모습을 비유한 것입니다. 붉은 빛깔의 홍보석에는 바로 하나님 안에 계시는 성령의 빛이 담겨 있지요. 하나님과 성령 하나님은 근본 하나이시기에 성령 하나님께서 품고 계시는 빛이 바로 성부 하나님 안에도 있는 것입니다. 따라서 벽옥과 홍보석의 빛깔은 삼위일체 하나님께 공통적으로 볼 수 있습니다.

무지개는 약속을 의미합니다(창 9:12~13). 노아 홍수 이후 하나님은 앞으로 물의 심판을 하지 않겠다는 약속의 증거로 하나님 보좌를 두르고 있는 무지개를 상징으로 나타내 주셨습니다. 사도 요한은 하나님의 보좌를 두른 무지개의 모양과 거기서 나오는 빛을 녹보석에 비유하고 있습니다. 여러 가지 빛이 나는 무지개의 모양을 자신이 아는 지식 안에서 녹보석에 비유한 것입니다.

녹보석에는 '하나님의 굳건하심과 단단하고 용맹스러움'의 의미가 담겨 있습니다. 일례로 레이저쇼를 보면 순간마다 두드러지는 빛이 다릅니다. 붉은색, 푸른색, 흰색 등 각종 빛이 차례로 나타나는가 하면, 때로는 여러 빛이 어우러져 장관을 이루지요. 이러한 장면을 설명할 때 보는 사람마다 표현이 다를 것입니다. 몇 가지 특징적인 색깔만을 설명하거나 혼합된 색깔을 어떻게든 비슷한 색에 비유하여 설명하려는 사람도 있을 것입니다.

사도 요한도 하나님으로부터 나오는 빛과 하나님의 보좌와 그것을 두르고 있는 무지개로부터 나오는 다양한 빛을 보면서 나름대로 보석에 비유해서 설명합니다. 하지만 천상의 아름다움을 이 땅의 어떤 것으로도 다 설명하기는 어렵습니다. 그러니 하나님과 보좌로부터 나오는 빛을 단지 몇 가지 보석으로 한정 지을 것이 아니라 얼마나 형형색색으로 아름답게 빛나고 있는지 영감으로 느껴 보시기 바랍니다.

신의 성품에 참여해야

하나님께서 빛 가운데 소리를 머금고 계신 넷째 하늘은 그 어느 곳에 비교할 수 없을 만큼 빛의 강도가 세고 색깔도 아름다운 곳입니다. 그 공간에 가득한 하나님의 근본 된 빛의 영롱함과 투명함은 가히 이 세상의 언어로는 표현하기 어렵습니다. 그곳에 들어가면 영롱한 하나님의 빛을 볼 수 있고 광대한 하나님의 마음도 느낄 수 있습니다. 극히 일부의 사람만 곧 마음과 공간과 차원이 하나 된 사람만 하나님의 허락하심을 받아 들어갈 수 있지요. 만일 자격이 안 되는 사람이 그 공간에 들어간다면 영이라 할지라도 흩어져 버립니다.

우리가 빛의 자녀로서 온전한 빛의 차원에 들어가면 하나님의 마음과 하나이므로 마음에 품은 대로 이루어지고 사람이 상상할 수 없는 권능을 행할 수 있습니다. 그렇게 되기 위해서는 잃었던 하나님 형상을 회복하여 하나님 마음을 닮아야 합니다. 악은 모양이라도 버리고 온 영을 이루어 온전한 빛이 되는 만큼 하나님과 교통할 수 있으니 기도하는 것마다 응답받고 천국에서도 높은 서열에 오르는 것입니다.

이렇게 얼마나 성결을 이루고 하나님의 마음을 닮았느냐에 따라 인간의 한계를 넘어서 하나님의 공간을 활용하며 하나님의 모습을 볼 수 있습니다. 모세는 온유함이 그 어떤 사람보다 승하였으며 온 집에 충성했기에 하나님의 형상을 본 것입니다. 또 아브라함은 하나님이 이 땅에 육의 형상을 입고 오신 모습을 보았습니다(창 14:18, 창 18장). 그만큼 온전한 빛에 가깝기 때문이지요.

창조주 하나님은 참 자녀를 얻기 위한 인간 경작의 계획을 세우시고 신기한 능력으로 생명과 경건에 속한 모든 것을 우리에게 주셨습니다. 그러므로 믿음을 소유하여 예수 그리스도를 알기에 게으르지 않고 열매 없는 자가 되지 않도록 더욱 힘써야 합니다. 믿음에 덕을 덕에 지식을, 지식에 절제를, 절제에 인내를, 인내에 경건을, 경건에 형제 우애를, 형제 우애에 사랑을 공급하는 만큼 하나님의 부르심과 택하심에 굳게 설 수 있습니다.

"그의 신기한 능력으로 생명과 경건에 속한 모든 것을 우리에게 주셨으니 이는 자기의 영광과 덕으로써 우리를 부르신 자를 앎으로 말미암음이라 이로써 그 보배롭고 지극히 큰 약속을 우리에게 주사 이 약속으로 말미암아 너희로 정욕을 인하여 세상에서 썩어질 것을 피하여 신의 성품에 참예하는 자가 되게 하려 하셨으니"(벧후 1:3~4)

우리가 신의 성품에 참여한다는 것은 하나님의 빛에 흡수되어도 좋을 만큼 온전한 빛을 이루는 것입니다. 그리하여 하나님이 계신 공간에 들어갈 수 있는 자격을 갖추는 것이지요. 하나님의 온전한 빛을 가깝게 이룸으로 근본 하나님께서 계신 공간에 나아가는 것이 바로 신의 성품에 참여하는 것입니다. 그러면 신의 성품에 참여하려면 어떻게 해야 할까요?

첫째, 온전한 영의 마음이 되어야 합니다.

영(요 4:24)이신 하나님과 마음이 하나가 되어야 하므로 당연히 온전한 영의 마음이 되어야 합니다. 만일 우리에게 어둠에 속한 어떤 악의 모양이나 육신의 생각과 틀이 조금이라도 있다면 신의 성품에 참여할 수 없습니다. 악은 모든 모양이라도 버리고(살전 5:22), 육신의 생각(롬 8:6) 자체가 없는 상태가 되어야 비로소 영의 마음입니다.

여기서 '영의 마음이 된다'는 것은 온전한 영 곧 하나님께서 원하시는 참마음을 갖는 것을 의미합니다. 이러한 영의 마음이 되어야 정녕 하나님과 주님, 성령님이 원하시는 바를 헤아릴 수 있습니다. 예수님은 사람의 몸을 입고 이 땅에 오셔서 배고픔, 슬픔, 피곤, 아픔 등을 친히 경험하면서 하나님 말씀대로 행하심으로 사랑으로 율법을 완성하셨습니다.

우리와 같은 육을 입고도 모든 고통을 인내하면서 하나님의 뜻을 좇았으며, 다투거나 들레지 아니하시고 죽기까지 자기를 희생하여 하나님의 뜻을 온전히 이루셨습니다. 그러므로 우리도 사람의 연약함을 핑계하지 말고 모든 죄악을 벗어 버리고 거룩한 행실과 마음을 가짐으로 신의 성품에 참여해야 합니다.

여러분의 마음은 어떻습니까? 앞서 빛의 공간에 들어가기 위해 갖추어야 하는 자격을 말씀드렸는데 이를 통해 자신을 점검할 수 있습니다. 육체의 일, 육신의 일을 비롯한 악을 얼마나 버렸는지, 얼마큼 하나님의 원하시는 참된 사랑이 임했고 하나님을 중심에서 사랑하며 선한 향을 내는지, 팔복, 성령의 아홉 가지 열매 등이 얼마나 맺혀 있는지 살펴보면 알 수 있지요.

화평을 예로 들 때, 모든 사람과 화평할 수 있다면 그만큼 영의 마음이며, 주님의 빛에 가깝게 이르렀고 더 신의 성품에 참여했다는 뜻이 됩니다. 마찬가지로 성령의 아홉 가지 열매와 사랑장, 팔복, 빛의 열매 등 각각의 열매가 50%, 60%가 아닌 100%가 임해야 온전한 영의 마음이라 할 수 있습니다.

둘째, 성령의 감동으로 기도해야 합니다.

하나님께서는 의무적으로 하는 기도의 향을 원치 않으십니다. 간절한 마음으로 하나님의 마음을 닮기 위해 기도하길 원하십니다. 우리가 똑같은 시간 기도한다 해도 저마다 마음이 다릅니다. 하루 기도 양을 채웠다는 것으로 만족하는 사람이 있는가 하면, 하나님을 사랑하므로 변화되기 위해 기도하며 하나님과 교통하는 그 시간이 행복하여 언제 지나갔는지 모르고 기도하는 사람도 있습니다.

우리는 육의 공간에서 경작을 받으며 영의 차원의 일들을 펼쳐 나가야 하므로 영의 공간에 거하시는 하나님으로부터 능력과 힘을 받아야 합니다. 그렇기 때문에 의무적인 기도가 아니라 하나님을 사랑하여 중심의 기도를 하기 원하시는 것입니다.

하나님으로부터 능력을 받기 위해서는 육의 공간을 뚫고 영의 공간을 열 수 있는 영의 기도가 되어야 합니다. 그러니 내 마음대로 기도하거나 이런저런 생각 속에서 기도해서도 안 됩니다. 이런 기도는 육의 공간을 뚫지 못하고 막혀서 허공을 치는 기도일 뿐입니다. 기도를 들으시는 하나님 편에서도 감동을 받지 못하십니다. 만일 자녀가 자기 욕심대로 어떤 것을 해 달라고 떼를 쓴다면 부모의 마음은 어떨까요? 그 자녀 때문에 마음이 아프지요.

고린도전서 2장 10절에 "오직 하나님이 성령으로 이것을 우리에게 보이셨으니 성령은 모든 것 곧 하나님의 깊은 것이라도 통달하시느니라" 했으니 우리는 마음 안에 계신 성령의 감동을 입어 기도해야 합니다. 그러면 하나님 뜻에 합한 기도가 나오며 어떻게 해야 하는지도 깨달을 수 있게 됩니다. 내 안에 계신 성령과 하나 되니 영의 공간의 문을 열 수 있고 영의 차원에 계신 하나님과 교통이 이뤄지는 것입니다.

셋째, 모든 사람을 사랑하고 덕으로 품을 수 있어야 합니다.
하나님을 닮은 영의 마음에는 사랑과 덕이 물론 포함되어 있지만, 분야를 나누어 다시금 강조해서 말씀드리는 이유는 무엇일까요? 하나님을 지극히 사랑하므로 주변의 모든 사람을 사랑하고 덕으로 품을 수 있는 마음이 우리 마음에도 담겨 있어야 하기 때문입니다. 덕과 사랑이 넘치는 사람이 되어 주변에 지치거나 힘들어하는 사람을 돌아보아야 합니다. 하나님의 마음은 측량할 수 없이 광대하시지만 고아와 과부를 돌아보고, 가난하고 불쌍한 사람의 형편까지도 세세히 살피시는 마음입니다.

이러한 사랑의 마음으로 작은 분야까지도 자상하게 돌아보고 덕을 끼치는 행함을 나타내 주는 것이 바로 신의 성품에 참여하는 것입니다. 말씀을 통해 부지런히 자신을 발견하고 변화시켜 신의 성품에 참여하는 자가 되어야 하겠습니다.

우리가 온전한 빛의 마음이 되어 신의 성품에 참여했을 때 빛의 공간은 물론, 하나님의 공간에 들어갈 수 있다 했습니다. 하나님의 공간 안에 들어가면 그 공간의 특별한 빛을 볼 수 있으며, 넓고 광대하신 하나님의 마음도 깊이 느끼게 됩니다. 뿐만 아니라 아직 우리 몸이 육의 공간에 있다 할지라도 마음에 소유한 하나님의 공간을 타고 인간의 한계를 넘어 놀랍고도 신비한 일이 베풀어집니다.

요한일서 1장 5절에 "하나님은 빛이시라 그에게는 어두움이 조금도 없으시니라" 했습니다. 따라서 우리가 하나님의 온전하신 빛 가운데 거하면 하나님의 마음과 하나이므로 마음에 품는 바가 그대로 이루어지고, 사람으로서는 상상할 수 없는 큰 권능도 행할 수 있습니다. 이러한 자격을 갖추어 이 땅에서도 아브라함이 누렸던 모든 축복을 소유할 뿐 아니라, 영원한 빛의 공간인 천국에서도 가장 영화로운 자리에 들어갈 수 있기를 주님의 이름으로 축원합니다.

멈추지 않는다 신앙 간증 수기 II

상상할 수 없는 시련 가운데 어떻게 믿음의 승리를 이루어 왔는가?
치열한 영적 싸움의 현장에서 놀라운 권능과
불같은 성령의 역사를 일으킨 원동력은 무엇인가?

젖과 꿀이 흐르는 땅 가나안 정복사

수천 년의 시간을 뛰어넘어 바라다본 이스라엘 역사를 통해
우리가 간과하기 쉬운 미세한 일들이
삶에 얼마나 큰 반향을 일으키는지
마음 깊이 깨닫게 하는 감동의 메시지!

깨어라! 이스라엘
마지막 때 숨겨진 하나님의 사랑과 비밀

간절히 메시아를 기다려 왔던 모든 유대인들에게
하나님의 사랑을 깨닫게 하며,
마지막 때를 살아가는 온 인류에게 전하는 경고의 메시지!

주님의 자취(상·하) 요한복음 강해

탄생부터 고난, 부활 승천에 이르기까지
예수님의 행적에 담긴 깊은 영적인 의미를 깨우쳐 줌으로
영적 성장은 물론, 응답과 축복의 길로 안내할 예수님의 일대기

일곱교회 모든 교회를 깨우시는 주님의 메시지

사도 요한을 통한 교회의 참 모습을 찾으시는 주님의 간절한 외침,
일곱 별의 비밀은 무엇인가?
주님께서 진정 기뻐하시는 교회는 어떤 교회인가?

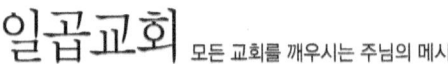

전화 02-837-7632, 070-8240-2072, 팩스 02-869-1537 　우림북 urimbooks.com

책(e-book) 구입안내 : 한국어 및 외국어 번역 도서 – 인터넷 교보, 리디북스 등 전자책 서점, 아마존닷컴(amazon.com), Google Play, iBookstore

주요 번/역/서

신앙 간증 수기 I

죽음 앞에서 영생을 맛보며

16개 언어로 출간

사망의 음침한 늪에서 하루아침에 다시 태어난
이재록 목사의 생생한 간증 수기

십자가의 도 전 세계인의 필독서

49개 언어로 출간

전 세계 무수한 영혼을 영적인 잠에서 깨우고
참 생명을 얻게 해준 감동의 메시지!
하나님의 참사랑이 이곳에 담겨 있습니다.

천 국(상) 수정같이 맑고 아름다운 곳

14개 언어로 출간

하나님의 영광 가운데 영원히 행복과 영화를 누릴
황홀한 천국 생활에 대해 생생하게 묘사한 그림 같은 메시지

천 국(하) 하나님의 영광이 드리운 곳

13개 언어로 출간

황홀한 황금보석 집에서 천사들의 수종을 받으며
세세토록 왕 노릇 하는 새 예루살렘,
그곳에서의 일들이 궁금하지 않으십니까?

지 옥 이제까지 밝혀지지 않았던 지옥의 참상

15개 언어로 출간

한 영혼도 지옥에 떨어지지 않기를 원하시는 하나님께서
온 인류에게 보내는 간절한 사랑의 메시지

믿음의 분량 믿음의 단계별 지침서

14개 언어로 출간

각 사람의 믿음에 따라 천국에서는 어떤 처소와 상급을 받을까?
이 책은 현재 자신의 믿음의 분량을 측정해 볼 수 있게 하며,
믿음의 선진들처럼 최고의 분량에 이르는 길을
구체적으로 제시하고 있습니다.

치료하는 여호와 치료편

13개 언어로 출간

성경은 질병에 걸리지 않고 건강하게 살아가는 길,
상한 마음과 질병으로 인한 육체적 고통까지 다 치료하시는
능력의 하나님을 만나도록 이끌어줄 것이다.

깨어라! 이스라엘

마지막 때 숨겨진 하나님의 사랑과 비밀

12개 언어로 출간

간절히 메시아를 기다려 온 모든 유대인에게
하나님의 사랑을 깨닫게 하며,
마지막 때를 살아가는 온 인류에게 전하는 경고의 메시지!

영혼육 - 하

초판 1쇄 발행 2010년 3월 31일
　　　4쇄 발행 2012년 2월 11일
────────
지은이　이재록
발행인　빈성건
편집인　빈금선
────────
발행처　우림북
영업부　02-837-7632, 070-8240-2072
팩　스　02-869-1537
────────
등록번호　제 1-904호
────────

ISBN 978-89-7557-306-4
ISBN 978-89-7557-218-0(set)

☀우림

우림은 구약 시대에 대제사장이 하나님의 뜻을 묻기 위해 사용하던 판결 흉패이며,
히브리어로 '빛'이라는 의미가 있습니다(출애굽기 28:30).
빛은, 곧 하나님 말씀이며 생명입니다.
우림북은 온 누리에 참 빛을 비추고자 오늘도 기도와 정성으로 문서선교 사역에 앞장서고 있습니다.

Aurora

오 로 라

창세로부터 그의 보이지 아니하는 것들

곧 그의 영원하신 능력과 신성이 그 만드신 만물에

분명히 보여 알게 되나니 그러므로 저희가

핑계치 못할지니라

(롬 1:20)

넷째 하늘의 근본의 빛과 가장 유사한 이 땅의 오로라 빛

오로라는 주로 남극과 북극 지방의 초고층 대기 중에 보이는 발광현상으로 빨강, 파랑, 노랑, 연두, 분홍 등의 아름다운 색채를 보이며 근본 하나님의 모습을 이해할 수 있는 이 땅의 예라 할 수 있다. 우리를 위해 펼쳐 주신 '오로라'를 통해 하나님의 마음, 그분의 섬세하고 자상하신 사랑을 느낄 수 있다.

드넓은 영의 공간에서 근본의 빛과 소리로 존재하시던 근본 하나님께서
인간 경작을 위해 삼위일체 하나님으로 존재하시게 된 과정을 형상화한 그림

태초의 하나님은 인간 경작을 위해 삼위일체 하나님으로 형상을 입으시고 천지를 창조하셨다.
"하나님이 가라사대 우리의 형상을 따라 우리의 모양대로 우리가 사람을 만들고"(창 1:26)

www.ingramcontent.com/pod-product-compliance
Lightning Source LLC
Chambersburg PA
CBHW020236130626
46549CB00005B/1918

* 9 7 8 8 9 7 5 5 7 3 0 6 4 *